領導差異化教學
培育教師，以培育學生

LEADING for DIFFERENTIATION
Growing Teachers Who Grow Kids

Carol Ann Tomlinson
Michael Murphy　著

侯秋玲　譯

LEADING for DIFFERENTIATION

Growing Teachers Who Grow Kids

ᐸᐸᐸᐸᐸᐸ

Carol Ann Tomlinson
Michael Murphy

目次
Contents

作者簡介

Carol Ann Tomlinson 的教育生涯始於公立學校系統，在 21 年的光陰裡，她擔任過班級教師和教育行政人員。在那段時間，她教過高中、幼兒園和國中學生，教學科目有英語暨語文藝術、歷史和德語。她也擔任過資優學生和學習困難學生的課程指導員，以及學校與社區關係的協調師。在擔任維吉尼亞州福基爾郡（Fauquier）公立學校教師時，她獲得幾個重要獎項，包含：Warrenton 國中傑出教師、美國青年會（Jaycees）傑出年輕教育家、美國退伍軍人協會（American Legion）傑出教育家，以及國際職業婦女會（Soroptimist）教育領域傑出女性。1974 年，她被提名為維吉尼亞州年度傑出教師。

　　Carol 目前是維吉尼亞大學柯里教育學院（Curry School of Education）威廉・克萊・派瑞許二世（William Clay Parrish, Jr.）講座教授，以及教育領導、基礎研究暨政策學系系主任，同時也是維吉尼亞大學學術多樣性研究所（Institutes on Academic Diversity）的共同主持人。她跟許多大學生和研究生共事，特別專精在課程與差異化教學領域。2004 年，她被提名為柯里教育學院傑出教授，並且在 2008 年獲頒全校教學卓越獎（All-University Teaching Award）。2015 年，《教育週刊》（*Education Week*）的教育學者公眾影響力排名，在美國 200 位形塑教育對話方面最具影響力的高等教育專家學者中，Carol 名列第 16 位。

　　Carol 的著作超過 250 種以上，有個人著作書籍、與他人合著書籍的篇章專文、各類論文文章和其他教育題材，包含（為 ASCD 寫的）：《能力混合班級的差異化教學》（*How to Differentiate Instruction in Mixed-Ability Classrooms*）；《差異化的教室：回應所有學習者的需求》（*The Differentiated Classroom: Responding to the Needs of All Learners*, 2nd ed.）；《實現差異化教學的承諾：回應式教學的策略與工具》（*Fulfilling the Promise of the Differentiated Classroom: Strategies and Tools for Responsive Teaching*）；《統整差異化教學與重理解的課程設計：連結學科內容和學生》（*Integrating Differentiated Instruction and Understanding by Design: Connecting Content and Kids*，與 Jay McTighe 合著）；《因材施教的學校：教與學的革命性改變》（*The Differentiated School: Making Revolutionary Changes in Teaching and Learning*，與 Kay Brimijoin 和 Lane Narvaez 合著）；《領導和管理差異化的教室》（*Leading and Managing a Differentiated Classroom*，與 Marcia Imbeau 合著）。她在 ASCD 出版的書，已經翻譯成 13 種語言版本。

　　Carol 經常在美國和世界各地跟教育者合作，一起追求並創造出能夠更有效回應多元學生學習需求的教室。她的聯絡地址是：Curry School of Education, P.O. Box 400277, Charlottesville, VA 22904，或者也可透過 e-mail：cat3y@virginia.edu，或網站：www.differentiationcentral.com 與她聯絡。

Michael Murphy 是美國國家級的教育教練、協作促進者和顧問,目前住在德州的達拉斯(Dallas)。過去 39 年來,他在北美各種類型的城市都會區、郊區和鄉村學區,訓練教師、教學領導者、學校領導者和學區領導者,也跟他們一起合作,累積了許多教育經驗。Michael 大部分的工作都是在支持協助學校和學區領導者,規劃和實施大型的改革方案、建構願景、了解改變歷程及其對人們產生的影響力,以及讓人們一起投入具有產出效能、建立深厚關係、結果導向型的對話。從 2009 年起,他在美國的 17 個州和加拿大的兩個省分擔任學校領導者的顧問,也出現在無數的州立、國家級和國際級的座談會和研討會上。

Michael 個人的公立學校教育經驗包括曾任德州的教師、小學專家教師、副校長、校長、課程計畫與評鑑的指導員、學區督學的特助、助理督學和執行督學。他擁有德州理工大學的藝術學士學位和初等教育碩士學位,以及北德州大學課程與教學博士學位。他在美國的期刊中發表了無數的文章,同時也是四本教育書籍的共同作者或主要作者。Michael 長期以來擔任維吉尼亞大學學術多樣性研究所的暑期客座講師。在受聘於田納西州學校領導者學院(Tennessee Academy for School Leaders)的期間,他訓練過幾千位校長、副校長和中央教育機構行政人員。他同時也是國家教職員發展協會〔National Staff Development Council,現在更名為前進學習(Learning Forward)〕的前任課程計畫指導員。他的聯絡地址是:1309 Melrose Drive, Richardson, TX 75080,e-mail:mmurphy170@gmail.com。

譯者簡介

侯秋玲

　　臺灣大學外文系學士，彰化師範大學特殊教育碩士（主修資優教育），臺灣師範大學教育博士（主修課程與教學）。

　　現任臺灣小學語文教育學會理事，為拓展語文教學之可能性而努力。曾任臺灣師範大學教育專業發展中心博士後研究員，負責國中小補救教學師資培育計畫，關注弱勢者教育和學生的學習，期望有朝一日，臺灣能真正實現差異化教學的願景。也曾任毛毛蟲兒童哲學基金會執行長，喜歡跟孩子一同探索「思考」和「學習」的各種可能性。

　　另外也翻譯童書繪本、親子教養和師生教學書，如《核心問題：開啟學生理解之門》（心理出版社出版）、《分享書，談科學：用兒童文學探索科學概念》（華騰文化出版），在朗智思維科技公司編寫過《聊書與人生》、《聊書學語文》、《聊書學文學》、《文學圈之理論與實務》。未來，應該會繼續譯寫更多好書。

序

　　「差異化教學」應該是現今教室裡基礎必要的一部分，這個概念已經廣為大眾所接受，不少專業團體，像是國家專業教學標準委員會（NBPTS）、美國幼兒教育學會（NAEYC）、國家小學校長協會（NAESP）、國家中等學校協會（NMSA）、國家中學校長協會（NASSP）、公立學校校長理事會（CCSSO）等等，都公開宣稱：有效處理教室裡學生的多元差異，以提升所有學生的學習成就，這是當今學校很重要的議題。教師評鑑與發展的規準，例如 Charlotte Danielson（2013）的《教學評鑑架構工具》（*Framework for Teaching Evaluation Instrument*）、田納西州教育人員促進模式教師評鑑量表、喬治亞州教師關鍵效能系統，以及紐約州教師教學實務量表，都將有關差異化教學的說明文字和實施原則納入優質教學的指標。然而，各種跡象顯示，在許多教室裡（就算不是大部分的教室），真正落實到位的差異化教學絕對不是常態。

　　實施差異化教學需要教師們在思維和習慣上經歷重大的轉變，需要經歷某些專家（如：Fullan, 2007; Marzano, Waters, & McNulty, 2005; Waters, Marzano, & McNulty, 2003）所謂的「第二序改變」（second-order change）——也就是說，它需要人們學習截然不同的全新方式來從事他們的工作，對既有的基準假設提出質疑，而且在這個過程中，經常會造成一種不安不適或斷裂崩潰的感覺，因而可能會導致原先覺得自己頗有能力的人，突然感覺自己做什麼都變得笨拙、無能。所以，第二序改變的領導，要求領導者本身必須具備相當的能力和意志力，因為，大規模的改變是不會隨便發生的。

　　之前我們著作的《因材施教的學校：教與學的革命性改變》（Tomlinson, Brimijoin, & Narvaez, 2008），詳細描述了兩位公立學校校長的作為——一位小學校長和一位中學校長是如何成功的領導全校教職員實施差異化教學。雖然這兩所學校在本質上很不一樣，而且這兩位校長的領導風格也非常不同，但是指引這兩位校長進行改革工作的原則和做法，卻有很多相似之處，而且也反映了成功變革研究文獻裡的結論。《因材施教的學校》探討的是，這兩位校長在領導學校全面實施差異化教學的過程中的思維和行動，同時也呈現出因為差異化教學的改變，在初期階段，各類學生的學習成就便有非常正向的提升成效——而且，在研究計畫（該書的基礎）結束的多年以後，學生學習成效仍然維持向上提升的趨勢。

　　這本書的目的，是建立在先前《因材施教的學校》一書的基礎上，再提供一個整體的架構，來處理和支持差異化教學的改變，好讓那些選擇、決定要領導學校教職員能在每間教室裡提供回應式教學的領導者，有充足備好的資源管道，能找到實務做法及工具來協助與支持這種第二序改變方案的過程。其中一個工具是我們發展出來的「差異化教學生手到專家檢核量表」（Novice-to-Expert Rubric for Differentiation），可以在 ASCD 的網站下載，還有書中幾章最後結尾的「培養領導能力」檢核表，也都包含在內（請在搜尋引擎輸入這個網址：www.ascd.org/ASCD/pdf/books/LeadingForDifferentiation.pdf，接著輸入密碼 115005）。因此，這本書絕對是非常實用的。但是，針對領導有效的差異化教學，我們也企圖提供足夠的「為什麼」，以及差異化教學包含「什麼」元素的說明，這樣才能讓這些「怎麼做」有充足的理由根據。許多的例子告訴我們，如果領導者只有淺薄的知識、理解和技能基礎，就會搖擺不定，所有的努力就不會成功。

　　本書第一章提供一個機會來探討全校性差異化教學領導的「什麼」和「為什麼」。我們會先看為什麼差異化教學值得校長、專家和教師投注心

力，接著我們會檢視有效差異化教學的特徵。而後，本書其他的內容全都聚焦在「怎麼做」上面。

　　第二章探討的是學校改革的焦點，激勵教師改變的重要因素，以及長期改變的經歷階段。在第三章，我們會分享一套完整健全又彈性可變的流程，說明如何運用強力的改變計畫對話來設計出整個學校能夠具體操作、實踐的差異化教學願景。第四章的焦點是教師專業成長因素如何影響全校差異化教學願景之達成。在第五章，我們提供一些建議和訣竅，讓領導者開啟跟教師之間的優質對話，包含如何發展培養用心聆聽（mindful listening）的技巧。第六章的重點則是區別評量（assessment）和評鑑（evaluation），並且建議採取三焦鏡頭的交流觀點（trifocal view），以深入了解教師們是如何實施差異化教學、對於這些改變有什麼反應，以及學校的進展究竟是如何。第七章探討的是改變的技術性層面和社會性層面，並且提供一些有效的策略來處理教師的抗拒。在本書的最後，我們分享一個獲獎的學區督學的故事，他在學區內取消學生能力分軌制（tracking system）的過程中，非常清楚的展現出有效領導變革的原則。

　　整體來說，這本書起源於我們兩人多年以前偶然開始的情誼，是這個「燦爛開始」的成果。一開始，我們的關係是建立在對差異化教學、公平正義的教育有共同的熱情，以及有機會跟德州的教育工作者在各種場合探討這些主題。而隨著時間推移，我們越來越能夠並肩合作，同時也跟一些熱忱投入的教師和領導者一起在各式各樣的學校情境裡實施差異化教學，一起品嘗其中的興奮感覺和複雜度。終於，這些共同經歷的經驗讓我們討論起聯手寫作的可能，剛開始只是一個簡單的玩笑話，但隨著越來越深入的討論，我們越來越亢奮，然後就凝聚出這個共同寫作的計畫了。

　　我們倆的寫作動機都是始於和這些學校領導者的合作經驗，他們不只是空談差異化教學，而是真正想要**做到**差異化教學。差異化教學的「為什麼」（why）和「是什麼」（what），正是我們種種努力作為的基石。當

領導者在學校裡實施差異化教學的原則和做法的過程中，必然會體驗到實際領導的困難與掙扎，我們希望能夠支持並協助這些領導者。

　　在構思和寫作這本書的過程中，以下人士的支持對我們非常有幫助：Robbie Mitchell 和田納西州 Greeneville City Schools 的教職員們，是這本書裡許多想法的好讀者，也是滋養出許多想法的沃土；田納西州的 Greene County School District，特別是學區主管 Vicki Kirk，以及紐約州的 Webster Central School District、德州 Round Rock Independent School District、田納西州學校領導者學院課程（Tennessee Academy for School Leaders program），都給了我們絕佳的機會跟學校領導者產生連結，並且一起分享知識、技能和有用的工具。密蘇里州 Conway 小學的 Lane Narvaez 和 Kay Brimijoin，佛蒙特州 Colchester 高中的 Joyce Stone、Bill Rich 和 Brad Blanchette，這些人既是我們的導師，也是靈感的來源。雖然距離有點遙遠，紐約州 Southside 高中的 Carol Burris 和 Delia Garrity，以及加州聖地牙哥 High Tech High 專題式學習學校的幾位領導者，他們也是我們的導師。我們希望透過這本書裡分享的一切，向他們的努力作為致上最高敬意。我們也希望，藉由書籍形式所能達到的教育功能，這本書能有機會挑戰和啟發其他教育領導者的思維，正如同這些教育工作者長久以來一直挑戰和啟發我們的思維一般。

Carol Ann Tomlinson
Michael Murphy

譯者序

　　終於，如願以償，完成差異化教學大師 Carol Ann Tomlinson 大作的翻譯了！過去六年多來，一直秉持差異化教學信念在執行補救教學師培工作，能有機會翻譯 Tomlinson 的著作，實在非常感謝心理出版社，讓我夢想成真。

　　認識 Tomlinson 教授一系列差異化教學的理念、做法與著作，始於 2013 年 2 月回到臺灣師範大學執行教育部的補救教學師資培育計畫。在教育學系甄曉蘭教授的計畫團隊底下，我們經常把差異化教學跟補救教學相提並論，為了讓每個學生都獲得優質的學習機會，為了讓弱勢學生更有機會嘗到學習成長的美好滋味並逐漸建立起正向的自我概念和學習自信心，從「實踐教育承諾、社會公平正義、支援學生學習」的角度來談差異化／補救教學，並且找到認同這個信念的國中小教育夥伴，開始了如何具體實踐有效差異化／補救教學的課程與教學研發。在一片批評補救教學的喧囂聲浪中，這些夥伴的心與眼，始終關注在需要更多支持協助的弱勢學生身上，我們反思：是什麼樣的 M 型化社會趨勢，造成了某些孩子從出生開始即處於弱勢？當臺灣的教室裡出現越來越多新移民之子，當現代環境變化似乎對孩子的身心發展產生不良影響，當補救教學篩選測驗顯現學生之間的基本學力落差，身為教師的我們怎能對越來越多元的學生差異視而不見？當先進國家不斷探討經濟與教育落差造成的可怕影響，積極尋找各種充分支持弱勢孩子、一起栽培「Our Kids」，以求未來所有孩子能在這個國家共生共榮的策略方法之時，我們又怎能置身事外？為了積極回應這些學生的學習需求，我們可以如何善用國家目前提供的哪些教學資源和人力支援，更有效的扶助學生學習？

　　於是，我經常到 Tomlinson 教授的差異化教學著作裡取經，從教師的教學實務角度，思考如何從了解學生的「準備度、興趣和學習風格」差異，來進行「內容、過程和成果」的差異化教學設計，並嘗試在補救班實行，一邊觀察學生的反應一邊調整教學，很有挑戰性也很有意義。但是，在許多校長、主任與老師們反映的疑惑、困難與問題當中，也開始刺激我去思考較為龐大的教育制度面問題，而當我讀到 Tomlinson 教授和 Michael Murphy 合著的這本《領導差異化教學》時，不少問題在其中得到解答，同時也讓我更加體認到：只有教師個人追求差異化教學的理想是不夠的，我們的學校環境與文化制度甚至會讓有理想的個別教師覺得挫敗氣餒而想放棄差異化教學。真正要能造成教師教學的持久改變，真正要能全面帶給每一個學生優質的學習，必須仰賴的是更高層次的整體學校領導力。

　　在翻譯此書的同時，很榮幸也很高興有機會跟幾位國中小校長、主任和教師合作，在一些縣市工作坊裡，以他們在學校各層級的做法為實例，研討學校整體如何領導與實施差異化／補救教學。特別是在獲頒「教育部補救教學績優教學團隊」的臺北市三民國中、高雄市蚵寮國中和鳳山國中的實例分享裡，我看到了《領導差異化教學》裡的某些原則化為臺灣教育現場的實際，包含：領導者擁有清晰的教育信念與使命感，堅定不移的守著「教育倫理學的北方」；學校裡學生的人口學變化和多元差異，讓他們正視差異化／補救教學之必要；他們運用各種教師集會場合不斷溝通理念和幫助每位學生發展成長的願景，有目的、有系統的安排各類研習、專業發展與對話討論機會，協助不同知能與需求的教師逐步成長前進，讓那些「最好、最優質的教室教學基本要素」能夠慢慢的、具體的顯現在教室的教學裡，對學生的學習產生影響……。

　　而這些，皆非一朝一夕即可達成，都是學校所有人員長期耕耘的結果，就像兩位作者在本書裡提到的，落實差異化教學變革方案所需要的生

命期，至少是四、五年以上的時間——這是非常重要的提醒。相對於「教師一研習完就應該馬上能做到」的迷思，我們必須認清：越是不同於現場教師現有教學習慣、越是重要的第二序教育改變（也就是積極回應每個學生學習需求的差異化教學），越是需要時間和周全的準備。從啟動階段、實施階段到制度化階段，從願景共識、動機激勵、專業成長、對話討論、抗拒調整、反思評估，領導者都必須充分考量、預做準備，並且為了做到有效領導，不斷精進自己的知能。

最後，我想說的是：「親愛的讀者，你就是領導者。」當你在讀這本書時，可能會覺得「領導者」指的是學校的校長、主任、領域召集人，或是帶領教師專業發展的講師、輔導員、專家學者，但其實，每一位教師都是一位領導者，你在教室裡要有效領導學生；每一個從事教育工作的人也是一位領導者，你在與其他人探討教學的場合，要試著影響、改變他們的教育信念和對待孩子的方法。甚至，只要你認同教育的目的與目標是要讓每一個孩子都獲得優質的學習機會，並且能夠得到充分支持和協助去看見自己的成長、享有學習的成就感，那麼你就該期許自己是一位領導者，在每個跟教師相遇的機會裡，支持、鼓勵他們成為專業、堅持的差異化教學者——在這個忙碌不堪、注重績效、價值混淆的時代氛圍裡，這並不容易，這非常需要勇氣，而我們需要互相激勵。

誠摯感謝這些年遇見的每一位為學生奮鬥努力的教育人員，感謝你們為因材施教的教育理想所做的一切。這本書，獻給你們。

侯秋玲 謹誌

第 **1** 章

所以你（可能）想要領導差異化教學？

呼籲學校改革的聲浪從來沒有中斷過，有些呼籲的理由原因和實踐方法很實在、很有希望，也能夠反映我們當前對優質課堂教學的最佳理解；但有些計畫卻頗膚淺、耍花招，或者沒有什麼根據。決定一個改革方案是否值得全體教職員和學校領導者花費時間與精力，是具有重大影響力的決策。為了讓這個方案對教師和學生產生明顯的助益，通往成功的路途將是考驗心志、充滿冒險、跌跌撞撞，也會讓所有牽涉在內的人感到不安與不便，真正有意義的改變必然是這樣子的。明智的領導者會審慎小心的考慮各種可能的成長方案，更明智的領導者會體認到：選擇一個自己深深相信、感動的方案是非常重要的。當你相信自己提倡的改革方案，就更容易說服被你領導的人去相信：為了成功達成目標，改革路上所需要的努力奮鬥和偶爾的不安不便都是值得的。

▋為什麼需要差異化教學？

我們所提倡的差異化教學模式是多重面向的——它既豐富又複雜。它認為，如果教室裡的教師遵循五項關鍵原則，那麼學生會學得最好、最有成就：

1. 提供每個學生積極正向、安全、具挑戰性、支持的學習環境。

2. 提供具有豐富意義的課程，其設計目的是讓每個學生都能夠投入學習，而且是建立在教師和學生都清楚明瞭的學習目標上。

3. 運用持續不斷的形成性評量，讓教師和學生都能了解學生目前的發展位置，距離那些學習目標有多近或多遠，也讓教師和學生都知道接下來有哪些步驟方法是最有可能促使某個學生向前成長邁進的。

4. 根據形成性評量資料來規劃教學，以顧及全班、小組和個別學生在準備度、興趣和學習方式的差異。

5. 跟學生一起討論、創造和實施班級經營常規，兼具可預期的規律性和可調整的彈性。

　　差異化教學模式同時也強調這五個要素之間相互依存的關係，提醒每個運用它的人：就像所有的系統模式一樣，這個模式裡每個要素的健康狀況，都可以用來預測其他要素的健康狀況。

　　我們相信，發展全體教職員實施差異化教學的能力與自信，是一個值得努力的目標，因為它擁有潛力，可以提升學校裡所有學生的成就，也有力量可以改善教室各方面的教學實務。差異化教學給予教師機會和工具來為他們班級裡的所有學生規劃通往成功的路徑，藉此提升教師們的專業程度。全校性的差異化教學改革方案所涉及的範圍與規模當然是非常龐大的，但也正因為這樣的全面性，才能夠打開獲得最大效益的門戶（Fullan, 2001a）。

　　為什麼要執行某個改革方案，與（或應該與）學校的情境脈絡很有關係。睿智的領導者在私下和公開的場合，都應該能夠這樣說：「在這個地方、在這個時刻、對於這裡的教師和學生、因為這些原因理由，所以，這個改革方向非常重要。」如果做不到的話，其領導能力似乎有問題。在特定的情境脈絡下啟動特定改革方案的原因理由，也反映出特定領導者的人

格個性和教育觀點。

　　舉例來說，在《因材施教的學校》（Tomlinson et al., 2008）一書中，當作焦點案例的小學校長，她強烈的相信，發展教職員差異化教學的專業能力將能夠讓學校裡的所有學生都受益，也能更進一步讓原來已經充滿動力的教職員變得更加專業。是這樣的理念引導著她的工作，並且成為她邀請教職員一起參與這項改革方案的訴求基礎。另一方面，《因材施教的學校》裡特別提到的中學校長，她服膺的信念是差異化教學是一種公民權利，她看到兩種截然不同的現實——兩種截然不同的學校——就在她學校的建築物裡發生。一邊是經濟優勢的學生，享有各種高品質的課程選擇，更進一步的增加他們擁有光明未來的機會；另一邊則是擁有較少經濟資源的學生，被分配到那種讓學校變得沮喪乏味的低階放牛班，也讓他們的未來前景變得更加暗淡無光。她深切感受到，差異化教學是創造一個統一的學校的關鍵，在這樣的學校裡，所有的學生都有機會接觸到最好的課程與教學，能力程度較好的學生也可以找到他們所需要的進階挑戰。這兩位校長領導全校教職員實施差異化教學的信念和理由，當然都是非常有力的，而且對於兩位領導者和他們各自的學校情境來說，也都是相當合宜的。

　　我們鼓勵你好好檢視**你自己**選擇要投資心力在差異化教學的原因，這些原因應該具有足夠的能量，能夠點燃你工作的熱情，也要能點燃你所領導的那些人的工作熱情。在這裡，我們想再提出一些理由，來說明為什麼領導教師們實施全面、高品質的差異化教學是必要的——這三個理由是《因材施教的學校》裡的兩位校長都**沒有**提到的。我們之所以呈現這些理由，並不是作為單選題的選項——只能選 A、B 或 C，而是用來說明我們所謂「站在堅實基礎上領導改革」的意義。

誰來上學？
從人口學觀點談差異化教學

當我們（本書的作者）從幼兒園一路成長到高中時代，大部分的同學都來自於跟我們自己相近背景的家庭，無論是種族、語言、家庭結構和經濟都相當類似。當時的人比較容易抱持「大家都是同質性」的看法，但現在卻不容易被接受了，無可否認的，現今教室裡的學生越來越多元，看起來就像是生活的橫切面，各式各樣的人都有。想想這些現實的狀況：

- 在美國，大約超過 9% 的學生是以英語為第二語言（National Center for Education Statistics, 2014），雖然這個比例會隨地區而有變化。而且，在很多大都會的學校裡，這個人口比例可能會高達 23%（Uro & Barrio, 2013）。

- 在前項統計裡，如果我們把英語能力有限的學生計算在內的話，那麼美國公立學校的小學學生大概有 13% 是英語能力不足的（National Center for Education Statistics, 2013）。

- 從整個歷史來看，現在美國教室裡的種族和文化，比起過去歷史上的任何時候都還要多元。在 2014 年，白人學生大約佔學生總數的 49.7%，已不再構成大多數。預期白人學生的比例還會持續降低，到 2022 年可能降到大約 45%（Krogstad & Fry, 2014）。

- 美國的學齡人口當中，大約 5% 的學生被診斷出有學習障礙，據說還有另外的 15%，甚至更多的學生有學習或注意力的問題，但是沒有被診斷出來。這些學生比一般學生有更大的危機，高中時期可能成績不及格，沒辦法從高中畢業，甚至可能被留級或退學。男孩被診斷出有學習障礙的比率，大約是女孩的兩倍（National Center for Learning Disabilities, 2014）。

- 在美國，每一年估計有 13%～20% 的學齡兒童出現情緒或心理健康問題（Centers for Disease Control and Prevention, 2013）。

- 50 個學生當中，至少一個學生有自閉症相關的症狀（大約是 2% 的學齡兒童），其中，男孩接受自閉症診斷的比率大約是女孩的四倍。這個數據代表，從 2007 年以來診斷的比率已經增加了 72%——可能也意味著現在診斷技術變好，比較能診斷出輕微的個案（Steenhuysen, 2013）。

- 在 2011 到 2012 年，美國的公立學校和特許學校中大概有 35%～45% 的學生，接受第一條款服務（Title I services），該服務專門提供給住在低收入戶家庭高度集中地區的學生（National Center for Education Statistics, 2013）。

- 在美國，22% 的孩童生活在貧窮當中，45% 生活在低收入家庭。研究指出，貧窮跟孩童的學業、社交、情緒和行為問題有關聯（National Center for Children in Poverty, 2014）。

- 雖然，有關美國學校裡資優學生佔多少百分比的統計數據很少，但在現行以年級分程度、標準取向的課程中，很可能有數量頗為可觀的學齡兒童的能力是明顯被低估的。

　　雖然，那種「典型五年級生」（typical 5th grader）或「標準版九年級生」（standard issue 9th grader）的想法，一直以來可能都是因為迷思和權宜方便而建立起來的概念，但時至今日，如果我們還假設「一體適用所有學生」的教學方法能夠有效滿足 21 世紀教室裡各式各樣學生的學習需求，似乎真的有點自欺欺人。在學校外，這些年輕人生活在一個不一樣的世界，他們擁有客製化的廣播電台，任何時候都可以下載單曲，有 52 種冰淇淋口味可以選擇，有數十種手機產品和更多服務方案選項，可以想看什麼就點選什麼電視和電影來看，可以依照自己的喜好來點漢堡或餐點，

也有好幾百種的運動鞋設計款可供選擇。同樣的這些年輕人來到教室裡，他們的教育起始點有非常大的不同，各自帶著不一樣的成長背景，擁有落差頗大的校外支持協助系統，受到不同的興趣和夢想的啟發，以截然不同的方式來學習。從人口學的證據和合理的邏輯推論都證明了：如果我們的目標是讓每一個學生都擁有最大的成功機會，那麼學生的差異應該是教師在思考和設計教學時的第一優先考慮。每一個學生都仰賴我們來幫助他們建構出一個終身學習的紮實基礎，而差異化教學就是讓我們具備充足的能力以承擔起這種責任的方法。

證據是什麼？
以研究為基礎談差異化教學

我們的差異化教學模式，建立在積極正向的學習環境、強而有力的課程、形成性評量、回應學生學習需求的教學、平衡教與學的可預期性和調整彈性的班級領導經營，這些都是我們認為最好、最優質的教室教學基本要素。當然，其中許多有效、可信的證據來源是萃取自目前關於教與學的研究，有些個別研究計畫的結果找出了特定教學面向所產生的影響，有些則是後設分析許多研究者的研究文獻，提供一個「大藍圖」來看待優質教學做法。當這類型的分析很紮實又健全時，它們對實務工作者的幫助會非常大，能夠提供頗高程度的指引，這種功能是不可能光靠一位一位教師或一個一個學校的基礎研究就能建構出來的。這其中，有三份文獻針對最好的教學實務做法做了非常周全、有用又深具學術性的後設分析，分別是《人類如何學習》（*How People Learn*; National Research Council, 2000）以及 John Hattie 的兩本著作：《看得見的學習》（*Visible Learning*, 2009）和《看得見的學習教師版》（*Visible Learning for Teachers*, 2012）。

《人類如何學習》引用研究結果為例，說明有效的課堂教學是：

- **以學生為中心**：因為要幫助每個學生成長，就必須知道學生目前是處於哪個發展位置，了解他們從生手到有能力到專家的進展狀況。
- **以知識為中心**：如此一來，教師和學生都會專注在重要的學習目標上，幫助學生在想法之間做連結，看到他們正在學習的事物各方面之間的關係，並且變得有能力將他們所學的遷移應用到各式各樣的情境，超越目前所學的這一課，也應用到教室以外的地方。
- **以評量為中心**：因為有效的運用形成性評量，幫助教師和學生能夠更清楚了解學生的學習旅程，也知道如何建構學習之旅的下一步。
- **以團體為中心**：因為對學生來說，在努力應付挑戰的過程中，有人支持協助是很重要的，同時也因為在團體合作（而非獨立運作）當中，必然會示範和呈現各種不同的學習途徑和方法。

這四個有效課堂教學的特徵，跟差異化教學五項關鍵原則當中的四項直接相關：積極正向的學習環境、強而有力的課程、持續使用的形成性評量，以及為了確保每位學生都能持續成長而設計的回應式教學。至於以團體為中心的教室，也跟差異化教學第五項原則裡的要素有重疊之處：教師和學生一起攜手合作，讓教室成為每個人都能學習的地方。

John Hattie 的著作綜合檢視過去幾十年來有關學生學習成就的研究文獻，可說是最重要的後設分析。Hattie 的目的是檢視目前以「教師的哪些實務做法對學生成就最有幫助」為研究問題的所有文獻，在《看得見的學習》當中，他詳細說明研究的結果——針對超過 800 份後設分析文獻的後設分析，包含 5 萬個研究且超過 2 億個學生。在《看得見的學習教師版》裡，Hattie 把這些研究發現轉化成具體的教學指引，提供給教師以及那些希望協助教師發展出最有效教學做法的人。

Hattie 著作涉及的廣度，實在是讓人蕭然起敬。若要把他的種種發現

跟我們提倡的差異化教學模式一一對應說明，絕對會超出這一章所能容納的篇幅，不過，我們覺得有用的是從 Hattie 的研究結果中，列出幾項重要結論，直接連結到我們所提出有效差異化教學的核心概念與實務做法。

他所提倡的對學生成就有幫助、因而在教室教學裡很重要的實務做法有：支持學習的班級常規經營、降低學生焦慮不安感的教室環境、學生專注投入於學科內容和學習過程、從學生感覺自己能掌控學習而產生的動機，以及能因應學生學習需求而安排不同學習素材的小組學習。Hattie 發現對學生成就更有幫助的做法還包含：設定具有挑戰性的目標〔跟差異化教學「往上教」（teaching up）的概念直接相關〕、班級凝聚力，以及同儕互教。

還有一些對學生學習結果更有正向幫助的做法是：不要對學生分程度的貼標籤，運用多元的教學策略，以及運用協同合作型而非個人單打獨鬥型的學習方式。最後，對學生成就最有幫助的做法是：持續不斷的運用形成性評量，給予學生有品質的回饋，以及支持協助型的師生關係。

以下簡要的從 Hattie 的著作列出幾個結論，這些不僅跟差異化教學的重要原則相符，同時也指出這些原則之間的相互關係。

邀請參與型的學習環境：Hattie 寫道，對所有學生都有正向成就幫助的是「邀請參與型」（invitational）的環境，或者說，它的特徵是：清楚明白的承諾要幫助每個學生學習，同時也會考量和納入每個學生帶到課堂裡的經驗及資源，這樣的環境鼓勵學生們在學習的路上成為協同合作的夥伴。在邀請參與型環境的教師會以身教示範**尊重**（相信每個學生都有能力、有價值，也有責任感的信念）、**信任**（他們會跟學生一起協同合作，以確保學習是讓人投入的，而且學習的歷程和結果是同等重要的）、**積極樂觀**（學生會清楚接收到教師傳達的訊息：他們擁有無限潛力，必然能學會老師要求他們學習的東西），以及**目的性**（課堂每一個步驟的設計，都很清楚的邀請每個學生參與學習並且成功達標），同時也相信學生的智能

是流動能變而非固定不變的。

　　以學生為中心的教師：這些教師透過無條件的尊重和積極正向的對待，明顯可見的表現出對每個學生的溫情（而非只是放在心中）。他們明確表示對學生的相信，特別是當學生正在掙扎努力奮鬥的時候；他們有同理心，了解學生會用多種不同的方式來學習；而且他們養成習慣，經常穿上學生的鞋，設身處地從學生的角度去思考，以抓到最好的方法協助那位學生能夠往前進。他們跟學生有正向良好的關係——也許，這是因為他們對學生的高度期望、溫情和鼓勵所反映出來的結果。

　　尊重學生的環境與經營良好的教室：在以學生為中心的教師的課堂裡，可以明顯看到學生更加的投入，比較少出現負面的行為，比較多學生積極主動和學生自律自發的活動，而且學生的學習成就也會更高。

　　學生的動機：當學生有能力、有充足的自主性，能設定有價值的目標、得到有用的回饋、對自己的學習有一種掌控感，而且還受到他人肯定的時候，學生的動機是最高的。

　　關注學生的學習差異：認知發展的進展有它自己的進度，學生能否進行不同思考階段的準備度並不是直接跟年齡綁在一起的，也不是遵循嚴格限定的學習序階，而且在不同的學科領域是有很多變化的。這樣的狀況要求教師必須好好研究他們的學生，並且根據他們所學到的來決定下一步的行動。教師必須知道學生已經知道什麼以及他們如何思考，然後再設計課堂教學計畫，來讓所有的學生能夠朝向成功的標準不斷往前進。教師應該立志要去知道每個學生在想什麼、領悟理解到什麼，根據這樣的知識來建構有意義的學習經驗，而且也要深諳自己任教的學科內容，才能夠提供適當的回饋建議來引導每個學生隨著課程而進步。

　　善用形成性評量的教學：專家教師會觀察追蹤學生的學習，提供回饋，並且視需要調整他們的教學。對這些教師而言，形成性評量的資料證據並不是提供後續如何行動的規則，而是提出假設來做更有意義的問題解

決。因此，教師必須問自己：什麼方法最有效？對誰最有效？以及這有效是相較於其他哪些方法？如果只問「什麼方法有效」，可能效果有限。教師做判斷和決定的知能是非常關鍵的特質，而這也指出了，師生之間以及學生之間必須存在著一種關懷的關係（caring relationship）。

　　深入的課程理解與差異化教學：跟專業知能較低的教師比起來，專家教師的教學比較能夠一貫的切入深層（相對於表面）的知識層次，他們對每一課都有很清楚的學習目標，知道各種學生達到成功標準的進展狀況，也很精熟他們任教的學科內容，知道如何選擇最好的「下一步」，方能在學生目前的知識程度跟成功標準（學習目標）的落差之間搭起鷹架。

　　在《看得見的學習教師版》裡，Hattie（2012）直接又有見地的提到差異化教學，他說，因為成功的教學仰賴的是教師知道學生現在在哪個位置，並以該位置為起點來幫助學生發展與前進，所以，如果教師把班上學生當成一個整體來教，對許多學生來說，將會導致教學上的錯誤搭配：

> 　　教師能了解不同學生之間的相似性，而且又能考慮到學生的個別差異性，這就是教師的知能變得非常重要的地方。差異化教學主要是能夠安排和組織課堂教學，好讓所有的學生都能從他們各自的起點「開始或加一（+1）」的學習，好讓所有學生都擁有最大的機會來達到每一課的成功標準。……差異化教學主要是跟學生的學習發展階段——從生手初學，到具有能力，再到專家精通——有更高的相關性，而非只是提供不同的活動給不同（群體）的學生而已。
>
> 　　為了讓差異化教學產生效果，教師需要知道，學生們在達到這一課的成功標準的旅程中，每個學生的起點在哪裡，他們現在的位置又各在何處。這個學生是初學者嗎？還是有一點能力？或是非常精通了？他（她）的優點長處在哪裡？他（她）的知識和

理解的落差又在何處？他（她）已經擁有什麼樣的學習策略，而我們要如何幫助他（她）發展其他有用的學習策略呢？根據學生目前所處的學習階段、對表面思考和深入思考的理解、動機狀態以及學習策略，教師必須提供不同的方式讓學生能夠展現他們的精熟度和理解程度，使他們有機會逐步發展以達到成功的標準。所以顯而易見的，迅速立即的形成性評量與回饋對教師而言是強力有用的工具，可以知道學生的學習階段，進而幫助他們達成「加一」的學習結果。

　　關鍵在於，教師必須清楚知道為何要做差異化教學的原因，也能把自己所做的差異化處理連結到學生目前的學習發展位置，相對於學習目標和成功標準，學生現在究竟是初學者或專家，還是位於發展光譜中間的哪一點。在學生的分組上，其目標未必是依學生的學習進展位置來做安排，而是利用分組讓學生可以一起討論、協同工作，並透過其他學生的眼睛來看這個世界，好讓每個學生都能從各自的位置持續往前進。（pp. 109-110）

Hattie 繼續指出：「容易發生錯誤之處在於教學者以為：只因為學生『坐在小組裡』，小組裡就會有學習發生。」（p. 110）——或者，差異化教學就發生了。差異化教學需要特別設計的結構安排和教學方法，來幫助學生發展小組學習裡必須具備的技能。

　　差異化教學的多重面向和複雜的本質，讓研究者很難研究它的整個模式，而且，它是「一般通用型」的模式，而許多研究都是在特定學科領域裡進行的（比如：特殊教育、資優教育、多元文化教育、英語文學習和閱讀）。不過，近年來有超過 25 個以上的研究都是在檢視差異化教學這個通用模式對於學生學習成就的影響，大多數的研究發現都是正面的效果，而這些研究文獻，我已經在其他的著作裡探討過了（如：Tomlinson et al.,

2003; Tomlinson & Imbeau, 2013; Tomlinson & McTighe, 2006）。此外，在某些教育領域，比如閱讀和特殊教育，都曾經做過許多研究來檢視差異化教學對於學生成就的影響，同樣的，這些研究結果大部分都顯示有正面的效果。

我們堅信，學習如何有效的進行差異化教學，就是學習以專家的層次來進行教學。它是優質教學的核心，而不是附加物。在教育的理論與研究中有非常豐厚的證據基礎顯示，教師若願意投注心力，領導者也能給予必要的支持，讓更多的教師能回應學生的差異並運用差異化教學方式，保證可以讓現代教室裡各種各類的學生提升學習成就。因此，對於那些想要支持教師們落實差異化教學的人來說，了解它的研究基礎和原因理由是非常重要的。

北方在哪邊？
從倫理學立場談差異化教學

著名的企業家兼動機演講大師史蒂芬·柯維（Stephen Covey），有時候會要求他的聽眾起立，閉上眼睛，手指向北方。當所有人的手都舉起來，食指指著各自所認為的北方之後，他會要求大家維持這個姿勢，同時張開眼睛。可以預想得到，聽眾的反應是爆笑如雷，看起來大家對於北方在哪邊一點共識也沒有，手指紛紛指著上、下、左、右或歪斜的一邊。柯維利用這個時刻來點醒大家：如果我們的生命裡沒有一個倫理學上的北方，我們永遠都會漂流不定。

研究道德發展的心理學家（如：Kohlberg, 1981; Piaget, 1997）指出，每個人都會隨著時間而發展出越來越「複雜化」的道德——一開始可能是遵循社會規範的傾向，而後移往根據自我的利益來做道德的推斷，再進展到依據「團體在做的事」或「別人會怎麼想」的道德思考，再成長到根據

團體的最佳利益來做道德決定，最終也許能夠依據「做這件事是正確的」的信念來決定和行動——即使那個決定違反了社會的規範、自我的利益、團體的意志等等。雖然對於這些階段的正確性以及它們是如何發展，並沒有全球性的共識，但是這樣的進程至少讓我們注意到：人類可以從自我中心傾向的世界觀，逐漸轉變、發展出更為寬廣周全的是非價值觀。

將史蒂芬‧柯維「倫理學上的北方」這個問題，放在道德發展的情境中來考量，對我們有很大的啟發，因為它們可以應用在教育工作者的決定上。不管是個人或團體的決定，我們通常都是依據社會規範、個人偏好或團體壓力來決定嗎？或是，我們比較常用「什麼對學生、對教育專業，或對這個國家乃至世界是最好的」來衡量？著名的教育家 Lorna Earl（2003）提到，即使某個決定跟個人偏好或利益會有衝突，但對教師而言，回應與滿足學生的需求是凌駕一切、絕對優先的道德目的。她說的這些話，強調道德決定階段的後兩個「更高階段」是非常重要的。

很明顯的，當前教室裡的學生，他們的成長背景、經驗和需求非常的多元。也有許多證據顯示，相較於那些比較統一或刻板的方法，以學生為焦點的教學方法可以讓各式各樣的學生獲得更高的學習成就。過去，美國的教育者已經體認到學生的差異，也呼籲必須以能力分軌制（tracking）或「能力分組」來處理這樣的差異性，我們也常聽到相關的解釋，說明這樣的安排能讓教師把「從學生現在的位置來進行教學」這件工作做得更好，讓教師能更有效處理學生的學習需求。

雖然，在教育研究領域裡，幾乎沒有任何主題的研究能夠產出毫無爭議的研究發現，但關於能力分組功效的研究文獻有好幾大冊，大多數的研究結果都顯示，能力分組對於分在中低軌道的學生而言是很不利的，可能只對高階能力的學生有幫助。不過，晚近的研究（如：Marsh, Tautwein, Ludtke, Baumert, & Koller, 2007）也對於它是否真的對高階學生有幫助的結論提出了質疑。已經有太多研究證實，低階能力的學生可能是由比較新

手或能力較弱的教師來教，而高階能力的學生較多是由專家等級的教師來教。同樣的，高階學生通常被寄予高期望，而低階學生則是低期望。

Haberman（1991）形容我們給予低階能力學生的教學是一種「貧窮教學法」（pedagogy of poverty），他在「能力分組」或分軌制的討論中，加入了經濟和種族的議題。他注意到低階班級的組成之中，低收入戶或少數種族的學生不成比例的多，而且班級教學的特徵是低層次的學習任務、機械性反覆硬背的工作、灌輸和重複的訊息，以及學生不服管教的問題。他解釋自己之所以選擇「貧窮教學法」這個詞，是因為在這些班上的學生絕大多數是貧窮的，而這些班級的本質似乎也是設計來確保這種貧窮狀態的持續存在。

相對的，Hodges（2001）寫了一篇名為〈富足教學法〉（pedagogy of plenty）的文章——班級裡的學生大多是比較富有的學生，班級教學的特徵是有意義的知識、豐富深刻的對話、有目的性的活動、高品質的學習資源，以及強調問題解決。回應 Haberman 的說法，Hodges 強調「富足教學法」這個詞不只形容這些班級裡多數學生的經濟地位，同時也預測了這些學生因為長期受益於這樣的班級教學而可能擁有的未來成就。

美國的教育史上一直出現這樣週期性的循環：先是偏好以「能力分組」或分軌制來處理學生的差異性，然後接著冒出各種反對這種做法的證據，主導了整個教育的論述。反對方的教育者避開了所有能力分組的做法，把大多數學生都放在異質性的班級，來進行大部分（即使非全部）的學習。很不幸的，當我們那麼做時，又會遭遇到異質性帶來的典型困難——無法關照到每個學生的差異性，包括各種層級的準備度、各自不同的興趣和學習方法。於是，可預見的，異質性班級會被斥為無效，我們又再度回到「同質性」的學生分班或分組。

在美國，教育者尚未以任何有意義的方式來擁抱第三類的分組選擇——也就是，大量催生讓我們既能夠「往上教」又能做到差異化教學

的異質性班級，使得大部分的學生都能在具豐富意義又有連結性的課程中成功學習。但是，在我們當中，不少人擁有（或能夠學習）「創造富足教學法」所需的技能——也就是，發展高層次的課程和提供優質的學習經驗，雖然這種課程與教學總是保留給那些我們認為能受益的少數學生。在我們當中，也有不少人擁有（或能夠學習）「往上發展的差異化教學」（differentiate up）所需的技能——也就是，為那些目前在學校裡難以成功的學生搭建學習的鷹架，讓他們能夠接觸到複雜又具有豐富意義的學習。照理說，當前我們非常重視的共同核心標準（Common Core Standards）、其他類似的複雜標準，以及 21 世紀技能（21st century skills），都更加支持與強化了對所有學生的高度期望，而所有學生最終都應該而且也要能成功達到的標準，其實就是我們過去所認為的「進階或資優」課程的目標。

　　如果教育工作者擁有或可以發展出「往上教」和「往上發展的差異化教學」所需的技能，那麼剩下來的問題就是我們是否擁有足夠的道德意志，全力投注在這個決定上。John Hattie 的眾多結論之一是「給學生貼標籤是對學習有害的」，而且他只是做出這樣結論的許多專家之一。舉例來說，Van Manen（1986）提醒過我們，如果不把學生視為獨一無二的個體，那麼就有一種潛在的危險：

　　　　一旦我把一個孩子叫作「行為問題學生」或「學習低成就學生」，或者，一旦我指著他說他是有特定學習風格的人、有特殊的認知功能模式，那麼我很可能就會立刻到我的教學把戲百寶箱裡去尋找某個教學介入方法。接下來發生的事情就是，我放棄了真正去聆聽或看見這個孩子的可能性，相反的，我用分類性的語言把孩子歸類到某些位置，帶著強烈的限制性，彷彿像是一座真的監獄。透過技術性或工具性的語言把孩子歸類，這真的是一種心靈上的遺棄。（p. 18）

　　一位願意支持全校實施更能回應學生需求的教學模式的領導者，必須明智的好好檢視，並且引導教職員一起來檢視這些問題：學校裡哪些學生是在低階班級？而這些班級的上課經驗，有多少能導致學生的學業成就「往上移動」？哪些學生可以從我們目前所能創造的最優質課程當中受益？而哪些學生的受教經驗總是一直欠缺某樣東西或很貧乏？哪些學生的學習環境充滿了活躍多元的同儕觀點？而哪些學生總是只聽到自己的回音？哪些標籤和分組的做法讓學生覺得有尊榮感？而哪些做法會讓學生感到非常沮喪？

　　就民主社會而言，依據我們對優質教學的專業認知，在多元異質的教室情境裡實施差異化教學，其實是倫理學上非常強烈的最高道德律令。強力的領導者擁有機會可以幫助同事們建立「倫理學上的北方」，並且堅持跟著它走。

▌有效差異化教學的內涵──它是「什麼」？

　　要求一位校長或學區督學扮演差異化教學主要專業發展者的角色，可能並不明智。這樣的角色最好是留給一個有經驗、資格充足、對差異化教學有紮實了解的教育工作者，或是某個特別指定的學校領導者，他擁有同樣的經驗和了解，同時也花了許多時間在教室內外跟同事一起工作（Tomlinson et al., 2008）。儘管如此，教育局處或學區的領導者若是想要確保教師在回應式教學上有所成長，他們必然要成為差異化教學的計畫者、評估者、探究討論者和教練。如果對差異化教學沒有全面、精準的理解，是不可能很負責任的扮演好這些角色的。

　　能夠有效實施差異化教學的教師，會營造出彰顯每一個學生的價值的學習環境；會提供高度的挑戰，同時也給予高度的支持；並且會強調班級群體的力量，好讓每個學生都能獲得成功。為了協助學生發展對一個主題

或學科領域的專精程度，他們會釐清學生必須**知道、理解**和能夠**做到**什麼（know, understand, and be able to do，簡稱 KUDs）。他們每堂課的設計會力求跟學生有關聯，並且讓他們投入學習──不論是個人或小組。他們會持續追蹤記錄學生的成長，看看距離 KUDs 目標是近或遠，並且有系統的跟每個學生互動、進行教室觀察和形成性評量，根據這些評估資料，提供學生回饋建議和設計教學。最後，差異化教學的教師會邀請學生成為夥伴，一起來發展和建立有助於提升學生能力的教室常規，能夠滿足全班和個別學生的需求。

這樣的環境是差異化教學課堂的精髓，也是很有力的媒介平台，讓人好好思考和計畫如何領導教職員成為專精又有自信的差異化教學者。此時，領導者換上教師的角色，他（她）必須創造出一個環境，讓每位教師覺得自己有重要價值、受到激勵挑戰、有充分支持，也是共同朝成功努力前進的團體成員之一。領導者必須清楚知道**教師們**應該知道、理解和能夠做到什麼，才能專精的實施差異化教學；他（她）必須持續追蹤教師朝這些 KUDs 邁進了多少、成長了多少，了解教師們各自不同的準備度、興趣、教與學的方式，據以提供相關回饋和發展學習機會。而後，領導者要設計與創造合宜的組織結構，以確保每位教師越來越有能力、越來越熟練自在的處理和回應學生的學習需求。這代表他（她）必須有時候跟全體教師一起工作，有時候跟小團體、有時候則是跟個人一起工作。

在領導任何長期的改革方案時，運用「逆向設計」（backward design）的原則（Wiggins & McTighe, 2005）是很有幫助的。廣義而言，領導者要先定義出學生（教師）成功所必須擁有的核心知識、理解和技能，而後決定哪些主要的總結性評量指標是象徵教師成功達成 KUDs 或某些 KUDs 的次子集組合；最後，領導者要規劃設計相關的學習經驗，幫助教師精熟 KUDs，使得教師們有極高的可能性達到總結性評量指標。而且在這個逆向設計的第三個元素裡，有一部分是要持續不斷的運用形成

性評量（以教室觀察、單課教學計畫分析、教學錄影分析、計畫討論等等的方式行之），好讓領導者和教師知道下一步該怎麼走。這個看似簡單的三步驟計畫方法，其實是非常有力的工具，可以確保領導者和教師都清楚了解目標與期望，也能讓設計的學習機會和想要的學習結果精準結合、連貫一致。

長期的差異化教學計畫在許多方面會因為實施地點而各有不同的變化，不過，若能有個資源可以引導你思考有效差異化教學的關鍵特徵——也就是 KUDs，能夠釐清個別教師和整體教職員的目標、建立形成性和總結性評量的指標，並且架構出專業學習發展機會——那會很有幫助。表 1.1 提供一個不錯的起點，來定義、找出差異化教學知能必須具備的 KUDs。

表 1.2 則是提供一個思考工具，以差異化教學的五個關鍵要素：積極正向的學習環境、優質豐富的課程、形成性評量、回應學生學習需求的教學、平衡兼顧教學所需的可預期規律性和可調整彈性的班級領導經營，鋪陳出發展知識、理解和技能的連續線，思考教師在這五方面的目前發展位置是在何處。我們鼓勵你運用這兩項工具作為前期思考計畫的大架構，並且了解隨著領導者和教師的專業知能不斷發展，這些架構會如何隨之演進。

▍準備領導更能回應學生需求的教學

有意義的差異化教學要能生根與發芽茁壯，可能需要一段很長的時間。在此過程中，教師必須放棄一些原本熟悉習慣、舒適圈裡的想法與做法。他們必須學習以全新的方式來看待學生以及他們對學生的責任。很可能，這種教師成長歷程有時候是很不平順的，有一陣子它可能會慢下來或甚至往後倒退。當（如果）這個情形發生時，領導者最好的解決辦法就

表 1.1 ▪ 教師發展差異化教學專業知能的關鍵學習目標（KUDs）

知道 （Know）	理解 （Understand）	做到 （Do）
• 差異化教學的五個關鍵要素 • 心態 • 知道－理解－做到（學生的 KUDs） • 投入 • 理解 • 精準一致 • 持續的評量（前測、形成性、總結性） • 彈性的分組 • 尊重學生的學習任務 • 準備度、興趣、學習風格 • 文化的回應性 • 往上教 • 差異化教學的策略 • 公平與卓越	• 差異化教學是一種教育哲學，而非僅是一組策略。 • 差異化教學的設計是為了讓每個學生的能力有最大的發展。 • 心態會形塑教與學。 • 教師跟學生的連結關係，會讓他們開放心胸，勇於面對學習的冒險。 • 社區共同的投入參與倍增對師生的支持。 • 持續的評量引導著有品質的差異化教學。 • 我們教學內容的品質會影響我們的教學方法——反之亦然。 • 彈性的班級經營常規能平衡小組和個別學生的需求。	• 反思教育哲學和實務做法。 • 創造和維持邀請參與型的學習環境。 • 引用課綱標準來發展 KUDs 架構。 • 發展精準符合 KUDs 的形成性評量。 • 分析詮釋評量結果，以決定學生的學習需求。 • 根據對於學生的準備度、興趣和學習風格的評量資訊，來發展差異化的學習任務。 • 跟學生一起理解差異化教學，並為它建立各種彈性的教學計畫。

表 1.2 ■ 生手到專家的漸進發展線：以差異化教學關鍵要素思考教師專業發展情形的指標

要素	低度發展			高度發展
環境	明顯可見對學生沒什麼情感	明顯可見對學生有所了解	明顯可見對學生普遍的情感支持	明顯可見學生跟教師的夥伴關係
	明顯可見固定型心態	明顯可見相信多數學生的能力	大致明顯可見成長型心態	明顯可見成長型心態
	明顯可見少有師生連結關係	明顯可見跟學生的連結	明顯可見團體關係的建立	整個班級運作像一個團隊
課程	以事實或技能為基本	稍微強調理解	納入理解目標	焦點放在理解
	目標清晰度低	稍有運用清楚說明的目標	大致有清楚的 KUDs	KUDs 對學生和教師都很清楚
	以進度為主	稍有規劃跟學生的關聯性	通常會注意到關聯性	規劃高關聯性和「往上教」
評量	學習結果的評量	促進學習的評量	促進學習的評量	促進學習的評量，評量即學習
	跟 KUDs 的結合度低	跟 KUDs 的結合度較高	跟 KUDs 緊密結合	真實的評量
	以事實或技能為基本	多一點強調理解	通常以理解為優先	聚焦的回饋和差異化的評量方式

			強調興趣或學習風格	強調準備度
教學	一體適用所有人，很少或沒有差異化 明顯可見稍微符合州立課程目標 學生的合作或活動很少	以提供選擇當作差異化教學或被動的差異化 大致符合 KUDs 偶爾運用小組學習，通常是隨機分配或依「能力」來分組	清楚的 KUDs，特別強調理解 稍微關注運用彈性分組和尊重學生的學習任務	清楚的 KUDs，始終一致的強調意義建構 始終一致的運用彈性分組和尊重學生的學習任務
班級領導與經營	以順從為重點 規定導向 對學生低度信任 焦點放在管理學生			以教育哲學為指引 學習導向 學生的聲音和責任為優先 焦點放在引導學生和管理日常運作程序

是，回歸到自己想要透過差異化教學改善教師和學生生活的初衷，深入去了解差異化教學的宗旨原則和實務做法，並且在自己的實際作為中具體示範差異化教學。

想要領導全校教職員實施差異化教學，領導者必須獲得教師們理性的腦和熱情的心的支持，讓他們理解並且最終能接受這個前提：所謂尊重學生，就是要服務他們每一個人。他們必須學會信賴每個學生的能力，相信他們有辦法摸索學習重要的概念和複雜的技能，並且提供所有學生所需要的支持程度，讓他們變成他們應該變成的人。全校性的差異化教學改革方案要求領導者清楚知道他們「倫理學上的北方」——他們將會跟教師們建立「盟約關係」，代表彼此共同承諾為一個重要的目的而奮鬥努力（Sergiovanni, 1992）。

差異化教學的領導要求領導者跟教師協同共作，了解「授權」（power to）和「威權」（power over）之間的不同——領導者要運用的是「道德領導」而不是「命令領導」（Sergiovanni, 1992）。它召喚領導者要跟教師一同努力來發展出以學生為中心的教學，好讓前進之路變得清晰可見；它要求領導者必須提供教師持續不斷的支持與協助，好讓教師能夠從目前的能力位置持續穩定的成長，並在邁向專業的過程中，也能關照學生多元不同的學習需求；它要求領導者運用形成性評量來指引他們的思考和計畫，以幫助教師發展教學工作上更多自發自主的能動性。它需要領導者公開頌揚重大的勝利成就，同時也要挑戰質疑沒有效果、不成功的做法。

終歸一句，全校實施差異化教學的領導任務，對領導者來說，絕對是一大挑戰，就像它也挑戰教師一樣。而就像教師在實施差異化教學過程中必然會充分磨練教學技能，它同樣也會讓領導者練就一身領導功夫。最重要的是，它提供領導者和教師一個絕佳的機會，來實現每所學校對於走進校門的每個年輕生命應有的教育承諾：**我們看見你了，我們非常重視你，**

而且我們會付出自己所有，來幫助你成功的成為終身學習者，成為一個
人。

　　這一章簡要探討了差異化教學的「為什麼」和「是什麼」，本書的其
他章節會提供相關指引，讓你成為有效催化、促成差異化教學的領導者。
我們會畫出如何領導全校教師進行重要改變的地圖，讓他們願意為各種不
同的學生而全心擁抱與追求高品質的教學，以確保每個學生都擁有同等的
管道獲得豐富優質的學習機會和支持協助，並且讓每個學生都能成功達到
這些學習機會的核心目標。

第 **2** 章

蘊育個別教師的改變

　　我們已經探討了「為什麼」要實施全校性差異化教學方案的原因理由，也了解差異化教學的一些關鍵要素，可以運用它們來規劃專業成長計畫、設定目標、輔導教學，以及形成性與總結性評鑑變革的歷程，現在是時候來仔細看看「如何做」了。身為學校領導者的我們，要如何思考、規劃與支持協助「第二序改變」，使得教室裡的教學改變成能夠回應各種不同學習者需求的差異化教學？

　　在這一章，我們要來看看哪些因素可以激勵和支持教師們去改變教學，了解在一所學校的教師們共同著手進行重大新方案的長期改變過程中，可預期會出現哪些階段。這些想法將提供一個思考基礎，來探討本書後續章節所談的變革領導的其他面向。

▌是學校改變，還是人改變？

　　思考這個問題代表的是，隨著重大新方案的啟動，你必須考量各種關係和結果之間的交互作用。在開始思考像差異化教學這種又大又根本的工程時，我們追求的是非常全面、巨大的變革規模。這種類型的改變，有時被稱為第二序改變（如：Fullan, 2001a），是深層的變革，而且，如果這種改變完全制度化之後，將會在學校教育的各個方面顯現出來。

　　為了耕耘栽培出真正能夠改變和提升教學品質所需的深層變革，我們必須精心策劃組織一系列的行動和支持資源，**允許並期望**教師在他們的專業上有所成長。這個過程需要我們**轉換**思維，從過去以學校為改進的目標（傳統思維），轉變成以個別教師的發展為目標。更簡明的說法就是：學校不會改變，而是學校裡的每一個人必須改變他們的教學實務做法（Hall & Hord, 2001）。學校之所以會越來越成功，是因為學校圍牆裡的每一個人都在支持他們自我發展的環境下工作，建立起彼此合作的關係，為了進步互相承擔責任，日復一日。換句話說，改變作為的核心焦點應該是學校裡的**每一個人**，改變必須發生在一個接一個的個人改變上，否則它就不會發生。

　　終日忙碌、淹沒於大量資料和方案計畫當中的學校領導者，可能會欺騙自己去相信他們撰寫複雜方案計畫的行為，總會有辦法導致更好的學生學習結果，但這從來都是沒有用的。領導者的願景，加上務必達成目標結果的頑強決心，才是真正改變的起點——而且，這股決心後續必須傳染給一起在學校工作的**人們**。這個過程需要持續投注心力建立專業的互動關係，並且不斷檢驗結果，看看是否真能協助教師成長。支持**教師**改變，是導致**學生**改變的先決條件。就像這位校長朋友 Vaughn Gross 貼切的形容：要引領教師產生重大的改變，需要「推一把和抱一個」。這樣的哲學思維，號召著學校的領導者要真正付諸行動，它要求我們在關注願景與結果的同時，也要確確實實的把焦點放在培育教師上。換言之，這種類型的變革要求所有領導學校改變的人在施加壓力的同時也要建立教師的能力。

　　千萬不可輕忽建立關係的重要性。一次又一次，我們跟成功機構的決策者的對話，總是會繞回到他們幫助組織裡的人們建立關係的高度價值。如果領導者想要獲得正向的結果，他們就必須培養積極正向又有建設性的關係，彼此能夠持續不斷的提供必要的資訊，以做出關鍵的決定。更具體的說，為了在面對越來越有挑戰性的問題時，能夠創造出新的解決方案，

我們**必定要建立、擁有**這些關係，以獲得校內人才的能力和創造力。惡毒有害的關係會削弱能力（Lewin & Regine, 1999），而「中立」（不好不壞）的關係也沒有任何幫助。

　　這些年，我們非常強調大型的學區和學校改革方案，而且也認真努力的執行著，但很有可能正好讓我們自己變成這些工作的受害者。為了加速學校的改變，我們承受著巨大的壓力與重擔，我們也許會用這種想法來安慰自己：只要我們感到日子很忙碌，我們必定就是在做重要的事。不幸的是，這種「在做事」的思維，經常讓我們只將焦點放在處理改革方案的花邊小事，反而犧牲了核心要務——跟個別教師維繫強力又有益的關係，因為我們必須仰賴每位教師在他們的教室裡領導改變。

　　在美國各地和世界上的許多國家，學區和學校正在推動計畫方案，在所有教室裡實施差異化教學。通常，這些計畫反映了一種需求和想望：想要支持協助越來越多元的學生族群成功學習，而且學生們確實也需要成功達到法定、複雜的課程標準所要求的目標。「培育教師，以培育孩子」的想法，合理的把差異化教學當成協助所有學習者茁壯成長的關鍵之鑰。為了達成這個有價值的目標，我們必須把這個現實謹記在心：要在每個教室裡培植出有效差異化教學的實務做法，我們必須透過每一位教師的視角，把焦點放在重大、有意義的改變上，而且在教師發展回應式教學知能的過程中，我們也必須**親身示範**差異化的領導，以支持每一位教師的發展。

▌什麼不會激勵人們產生改變和發展的動機？

　　身為學校領導者，我們可能不知道要從哪裡著手開始運用有策略、以關係為基礎的方式，來培育個別教師。我們建議必須先從這裡開始：清楚了解是什麼因素激勵人們產生動機去發展和反思他們的專業實務做法。對於想要支持學校同事成長，又希望他們扛起個人成長責任的領導者而言，

了解教師為什麼願意持續努力精進教學，應該有助於領導者決定每天的行動。想一想以下的個案研究，它在學校中可能已上演過無數次了。

無意間讓薇洛妮卡・辛普森老師「失去動機」

薇洛妮卡・辛普森是七年級語文老師，已經有五年成功的教學經驗，她任教於美國中西部一所中型的都會學校，是一位認真盡責的專業教學者，跟學校校長黛柏拉・傑佛遜有良好深厚的關係。最近這個學年，傑佛遜校長曾經進到辛普森老師的教室三次——兩次短暫的教室走察和一次較長時間、正式的教室觀察。由於這三次的訪視，傑佛遜校長注意到辛普森老師在某些教學方面可以再加以改進，所以她很急切的想跟辛普森老師開會討論，提供一些回饋和建議。實際上，傑佛遜校長已經先聯繫了另一位同事奧思婷老師，看看辛普森老師是否可以進到奧思婷老師的班級做教學觀摩，從中學習奧思婷老師如何處理一些問題，而這些問題正是辛普森老師教學有困難的地方。

傑佛遜校長為辛普森老師安排了一次專業、支持性的會議，校長在辛普森老師表現良好的地方給了許多稱讚，當會議進行到聚焦討論需要改進教學之處，校長提出了觀摩奧思婷老師課堂教學的建議，強調這將會有多大的好處，而且表明在教學觀摩期間她會「代理」辛普森老師的課，就這樣安排決定了觀摩奧思婷老師教學的時間。在這個回饋會議結束時，辛普森老師表達了對校長指導的感謝，以及她很期待能改進她的教學。

然而，當辛普森老師獨自留下時，她卻產生了一種奇怪、不滿的感覺⋯⋯還有縈繞於心的氣餒挫敗感。雖然她認同被指出需要改進成長的部分，也非常想要變成更成功的老師，但是她真的一點兒也不想去觀摩奧思婷老師的教學。為什麼她會有這些感受呢？為何她不願意去看看奧思婷老師的教學方法、跟她談談如何改進教學呢？

在這個案例裡，我們看到一位校長滿懷善意的開啟跟老師的對話，也運用了一種常見的教師成長策略。然而，這個方法為何適得其反，非但沒有讓老師興奮期待於追求新學習和發展新知能，反而讓老師「失去動機」？

　　根據 Patterson、Grenny、Maxfield、McMillan 和 Switzler（2013）所著的《關鍵績效責任》（*Crucial Accountability*），傑佛遜校長所犯的正是典型的錯誤。第一個錯誤是她仰賴個人魅力，並試著利用她跟辛普森老師良好的個人關係來激勵老師的動機；她的第二個錯誤是使用權力，當管理監督者對其下屬提出建議時，實質上這個建議就成了「軟性命令」。不過，總結起來，傑佛遜校長在變革領導上所犯的主要錯誤是無法充分運用研究告訴我們的、真正促使一個人願意擁抱成長和發展的因素——**內在動機**（intrinsic motivation）。雖然她對辛普森老師的「要求」立意良善，但它頂多只是外在動機：「這麼做是因為我（領導者）認為這是一個好方法，而且也會讓我感到高興。」辛普森老師主要是因為老闆要她這麼做，所以才這麼做，她覺得自己是被迫到奧思婷老師的班上進行教學觀摩，因為這個行動方案是由別人提供給她的，而不是她自己覺得在教學實務上有哪些地方需要改進。觀察奧思婷老師的教學方法，可能會（也可能不會）對辛普森老師的教學表現產生一些短期的助益，但只做這件事是否能啟動內在成長動機，卻是值得懷疑的。除非傑佛遜校長改變領導變革的方法，否則辛普森老師不可能再採取進一步的專業發展行動，除非（直到）她接收到更進一步的外在壓力。因此，辛普森老師的發展是最小值，而且依靠的是「外在的痛苦刺激」來保持她的動機。

　　雖然在教師們不情願或害怕改變時，偶有必要運用像這樣的外在命令，然而身為領導者的我們，如果能夠把焦點放在影響動機的因素，著重在激勵與支持教師從**內在**動機來「驅動」持續發展的行動，這樣的領導才是更有效成功的。

🔨 挖|掘|深|思

> 　　此時此刻，你領導重大變革的方法是什麼？你會如何說明描述你的方法或傾向？是否能夠在建立關係以及聚焦結果之間取得平衡？別人也會同樣用你所描述的方式來描述你的改變方法嗎？為什麼會？為什麼不會？你經常運用那些無法激勵人們內在動機的事物來向其他人「推銷」你的變革方案嗎？誠實面對的話，你會如何評估你的方法？

什麼樣的動機激勵因素有助於促進教師成長？

　　Daniel H. Pink 的著作《動機，單純的力量》（*Drive, 2009*），提出了一個看似簡單的架構，來思考動機和個人之間的關係。這個架構反映出 Edward Deci 和同事 Richard Flaste 的心理學研究結果，總結在他們 1996 年為非專業讀者寫的這本書《為什麼我們要做我們在做的事：了解自我動機》（*Why We Do What We Do: Understanding Self-Motivation*）。Pink 提出正向動機有三大要素：自主、目的和專精。Deci 和 Flaste 也提出了三個要素：自主、能力和連結關係。兩個模式都出現自主的概念，而專精和能力則是同樣的意思。

　　而我們的經驗也顯示，除了這兩個模式都有的兩個要素之外，當人們能夠深入了解改變的原因理由（也就是 Pink 說的「目的」），當人們在走向自主和專精能力的過程中感受到自己與他人產生連結（也就是 Deci 和 Flaste 說的「連結關係」），他們就會受到激勵、有動機做出積極正向、真實的改變。因此，我們相信所有這些要素對於有效的變革領導都是關鍵重要的。簡單來說，除非那些必須改變的人真的有動機要改變，否則有意義的改變是不可能發生的。

在這整本書中，我們堅持的理念是：真正的改變是協同合作的，而且應該把實務工作者和領導者連結起來，一起從事目標明確與相互支持的工作。在第五章，我們會特別來看領導者要如何建立跟教職員之間的連結關係、如何讓教職員之間產生連結關係，以及為什麼連結關係對支持有意義又持久的改變是至關重要的。不過目前，我們先來關注**自主、目的**和**專精／能力**在激勵學校教師產生動機、擁抱改變的過程中所扮演的角色。這種對基本動機理論的了解，有助於身為領導者的我們重新聚焦，探討我們面對培育教師的挑戰的方式，好讓教師能夠好好培育孩子。

自主

自主（autonomy），對人們來說，也許是最重要的動機因素。的確，我們越了解動機是怎麼回事，就越不會用外在動機或內在動機來區分人類的行為，反而會考量這個行為是「受到控制」或是「自動自發的」（Stone, Deci, & Ryan, 2009）。自主未必就是「獨立」，而是指有所選擇的行動。Stone、Deci 和 Ryan 指出，一個人可以既自主又與他人保持相依互助。事實上，自主，存在於某種創造性的張力（creative tension）當中，拉扯的一端是想要主導掌控與自由行動的需求，另一端則是想要歸屬於一個相互欣賞、支持與合作的團體的欲望（Tschannen-Moran & Tschannen-Moran, 2010）。

自主概念本身帶有這樣的想法：在學校裡，校長和教師之間的溝通是很豐富的，充滿有意義的回饋和想法的交流，資訊是完整且連續的，學校領導者會列出重要的選擇，並且鼓勵教師迎接全新的挑戰。不同於「賦權增能」（empowerment）——它可能只是一種比較文明的控制形式——自主必須從四個面向來思考（Pink, 2009）。在圖 2.1 中，請想一想，在你的學校環境、工作計畫、彼此關係的品質和團體改進方式等情境條件下，每個面向是如何影響個別教師對自主的感受。

圖 2.1 ▪ 影響自主動機因素的四個面向

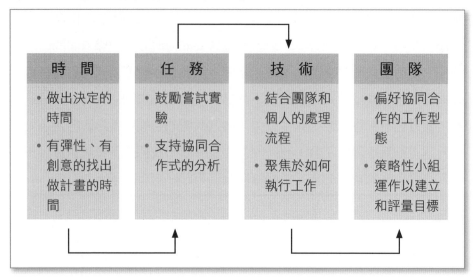

　　雖然圖 2.1 是以「流程」的方式呈現這四個面向，但重要的是，請記得所有元素都是相互關聯的。在特定學校的情境脈絡裡，每個元素的強度和急迫性都是獨特不同的。身為領導者，我們必須思考這四個元素在我們學校特有的環境中存在的狀態，並且決定我們的教師**必須**感受到的自主程度，讓他們能夠持續把重點聚焦在差異化教學，也能受到激勵去嘗試實施差異化教學方案。

目的

　　第二個動機因素是**目的**（purpose）。就像 Pink（2009）說的：「擁有最深刻激勵動機的人——那些最具生產力、最滿意自己的人更不在話下——會把他們的想望寄託在超越小我、更遠大的理想目標上。」（p. 131）在學校裡，這個想法可以轉化成：我們的首要目標並非提高學生的分數，而是讓學生在這個世界上成為成功的人。這其中的一個「好處」可能是更高的測驗分數——這也算一種肯定，可以促使教師繼續發展和追求

教學策略，以維持這樣的趨勢——但我們的目的是更高層次、更深刻，也更「具有道德使命」的（Pink, 2009）。Fullan（2001a）從兩方面來描述這種道德使命感：(1) 我們想要對別人的生命造成改變，以及 (2) 我們進行這種改變工作的方式。如此說來，目的就是為了替別人創造更好的生命狀態，我們所擁有的熱情和我們所運用的方法。

在協助個別教師了解他們的目的上，學校領導者是至關重要的倡導者。「教師需要在這樣的學校工作：領導階層願意支持、清楚、堅定，並且非常熱情執著的維持他們所做承諾的品質。」（Chris Day；引自 Hargreaves & Fullan, 2012, p. 62）這樣的角色要求我們清楚一致的說出差異化教學的願景，堅定不移的相信差異化教學的目的，並且穩定持續的建立起大家對於願景和達成願景的手段的共識。為了讓全校教師建立與維持對差異化教學的投入和承諾，使它成為學校的核心價值和教室實務，領導者要談論它、示範它、為它做組織安排、支持它、堅持它、公開頌揚它，並且當某些行動背叛了這個共享的價值時，必須表達強烈的不滿（Sergiovanni, 1992）。圖 2.2 說明了有利於領導者幫助教師發展和維持目的的兩項必要因素。

專精

第三個動機因素是**專精**（mastery; Pink, 2009）。專精跟自我效能這個概念有直接的關聯——身為一個人，我們相信自己**有能力**持續精進、把事情做得更好。換言之，專精是對於這趟旅程的信念，相信我們每個人的發展旅程都能夠持續增進與深化，不會因為個人的侷限而結束。

在《心態致勝》（*Mindset*）這本書中，Carol Dweck（2006）把這些關於專精的想法，連結到人們如何看待自己和他人的成功的兩種觀點上：擁有「固定型」心態的人相信，人的成長能力受限於遺傳和環境，因此無法有明顯的增長，這樣的人同時也很看重「表現目標」，比如得到工作獎

圖 2.2 ■ 影響目的動機因素的兩項因素

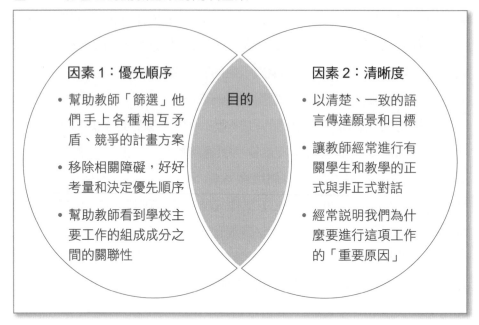

因素 1：優先順序

• 幫助教師「篩選」他們手上各種相互矛盾、競爭的計畫方案

• 移除相關障礙，好好考量和決定優先順序

• 幫助教師看到學校主要工作的組成成分之間的關聯性

目的

因素 2：清晰度

• 以清楚、一致的語言傳達願景和目標

• 讓教師經常進行有關學生和教學的正式與非正式對話

• 經常說明我們為什麼要進行這項工作的「重要原因」

勵或獲得某種受人肯定的地位。相對的，擁有「成長型」心態的人相信，認真努力和堅持探究會戰勝遺傳和環境，也就是說，任何人都是有可能成長的。成長型心態的信徒認同「學習目標」而非「表現目標」，因為學習目標是專精取向的，而且也跟持續發展的核心概念是連結在一起的（Dweck, 2006）。

　　專精想法的關鍵在於，我們在鼓勵和支持教師走向專精之路時，必須幫助教師了解他們可以如何運用一系列短期、成功導向的發展目標，來看待自己長期的學習之旅。長期的發展必須被拆解成這種系列性的目標，好讓個別教師能夠在發展過程中找到自己的方向，也能讓他們在漫長的道路上維持內在動機和驅動力（Fullan, 2007）。談到這裡，我們希望你會想起：這種從每個人的起點開始的漸進式成長，正是給學生的差異化教學的核心精神。

反|思|評|估

　　現在，請花點時間反思你自己對於成長型心態的想法，以及你的領導策略有多少程度向教師們展現你對他們身為教育者的成長能力有堅定不移的信念。在細究這些想法和問題時，也請同時思考、完成以下的領導力練習。首先，想想你們學校或學區裡，一直在提倡的某個重大方案計畫。然後，想想跟這個方案計畫密切相關的兩位教師，在進行這個方案計畫的過程中，他們自主、目的和專精這三個內在動機因素是否受到支持與發展？對比這兩位教師，完成一個簡單的比較表，以此省思什麼樣的行動能夠激勵、支撐人們進行長時間的改變。關於他們發展自主、目的和專精的能力，這個練習告訴了你什麼？

▎在差異化教學方案期程中，動機能發揮什麼作用？

　　人類動機的複雜性，要求我們在設計差異化教學的總體規劃時，必須關注教師個人的發展——因為這種課堂差異化教學本身，也要求教師必須了解學生差異的複雜性，才能進行更有效的教學。在完全理性的世界裡，只要宣布有一個差異化教學方案，並且打好適當的基礎，也許就足夠了，但我們都知道改變並不會那麼容易發生。呼應本章一開始提出的想法，任何希望領導、落實回應式課堂教學的人，都一定要關注每一位教師是如何經歷和體驗這樣的改變。

　　人類動機本身也是這樣的，它在一個計畫方案的生命期程裡會有不同的展現（Fullan, 2007; Huberman & Miles, 1984）。換句話說，在人們開始了解這項變革、逐漸深入改變，以及努力確保改變能恆久持續的各個階段中，每個人在情緒與行為上都會有不同方式的反應（Hall & Hord,

2001）。為了了解個人的動機在全校推動差異化教學方案的生命期程中如何發揮作用，很重要的是要思考在這三個階段裡分別會發生什麼事情：**啟動階段、實施階段和制度化階段**（Fullan, 2007）。

第一階段：啟動

啟動（initiation）指的是「引致與決定要採取或進行一項變革的歷程」（Fullan, 2007, p. 69）。從我們的經驗來看，啟動階段的範圍從幾個星期到幾個月都有可能。

刺激改變的因素可能有許多變因，它可能是來自中央當局，也可能是學校領導者獨自的決定，或者是一群或幾群人在長期研究、資料分析與思考之後發生的。不管是哪一種情況，對從事第二序改變的領導者而言，基本必要的是有一個足以感動人心的願景，當作領導、激勵教師改變的催化劑，教師必須想要共築這個願景，一起在抽象的理念層次畫出藍圖，同時也要在教室裡採取具體的行動。

在變革的啟動階段，特別重要的是連結願景和行動。在這段時期，教師和其他關鍵的利害關係人都必須有管道獲得關於變革方案的一切資訊，以開始發展有共識的了解。在這個變革初期，領導者和同事之間健全完善的溝通交流也是很關鍵的（Fullan, 2007）。在啟動階段，其他重要的因素還包含：方案計畫的規模、涉及的時間期程，以及對所有相關人員的初始期望。這段時期也是評估誰可能是這個改變歷程的最佳支持者的時機。

啟動階段的兩難困境有很多種，而且與本章前面所討論到的動機原則直接相關。許多方案計畫（包含差異化教學方案）的「決定點」，常會讓人覺得太簡短又太技術性，這個決定似乎都是完全放在某個人的肩膀上，而這只有在很罕見的情況下，才會是件好事。資訊管道和逐步發展的提倡宣導通常很少，或事實上，根本沒有。一般來說，人們被期望要「上船」，主要是因為某個負責的人認為這個決定很重要——學校領導者認為

他（她）做出決定的原因，就足以開始這項工作了。如同 Fullan（2007）提醒我們的：從許多方面來看，在變革的第一階段，是誰啟動這項變革並不太重要，比較重要的是人們如何看待和感受這個決定以及它的未來前景。

激勵動機的原則——自主、目的和專精——可以應用在啟動階段，也可以應用在後續的階段。領導者一定要考慮到教師是如何接觸、獲得有關這項必要變革的種種資訊，這些資訊的獲得非常重要，不只可用來建立啟動變革的整體道德驅動力（**目的**），也可用來支持和滿足教師們想了解有關目的的詳細資訊之需求（支持他們的**自主**）。此外，在整體變革過程的這個階段，教職員也會想知道這項變革會如何展開，特別是一開始的前幾步。有些教師甚至會立即冒出來這樣的問題：「當我們開始改變的時候，看起來會是什麼樣子？」以及「這對我會產生什麼影響？」這些都是我們必須要能夠回答的關鍵問題。最後，在啟動階段，絕對必須讓大多數教職員在邁向更有能力的旅程的「前幾步」就體驗到成功的滋味——也就是，擁有成功實施差異化教學的經驗，這會建立起一種開始**專精**的成就感，也會因此激發內在動機持續發展更深入的差異化教學藝術。

啟動階段規劃檢核清單

☐ 這是推動全校實施差異化教學方案的適當時機嗎？

☐ 大家知道全校實施差異化教學方案的目的嗎？有沒有一個願景可以激發大家思考和投入這項改變？

☐ 誰支持這項改變？以何種方式支持？

☐ 大家對這項改變的支持度有多廣？

☐ 關於這項全校實施差異化教學方案的改變，是否有策略性的溝通機制？這樣的溝通多久一次？有多清楚？

☐ 教師有哪些方式或管道去了解差異化教學及其意義、對教師的期許，

以及改變過程中會得到什麼支持？

❑ 教師開始在教室裡更全力以赴實施差異化教學時，會是什麼樣子？

第二階段：實施

實施（implementation）指的是把計畫付諸行動，它包含了最初開始實施方案的幾個步驟，也包含了讓每個人繼續向前邁進所需要的持續不斷、深思熟慮的調整。一般而言，要花幾年的時間才可能讓「穩定的」實施和預期的結果變得明顯可見。但這不代表我們不應該期望看到進展和成果，我們當然應該期待。但是，從學習和討論這個方案轉變到真正運用它應有的形式來「實作」，這是一段漫長、漸進的過程。

一開始，這個方案的實施者（教師）會試著應用他們「認為正確」的任何方式來實施差異化教學。這樣的實驗嘗試是可以預料得到的，而且實際上，也是**我們希望看到的**，因為這表示他們正努力嘗試做差異化教學。不過，其中的一個危險是，實施的作為會停留在這種過於簡化、零散發生的教學做法。這種情形經常發生在領導者因為很興奮看到有一些進展，就過度稱讚教師初期的作為，好像有了這些作為就等於實現了長期的目標。在實施階段，對領導者來說，重要的是要持續幫助教師，建立他們對於**全面實施差異化教學**是什麼樣子的理解，掌握他們每個人在這個進程的哪個位置，並且實際取得幫助他們發展必要能力的支持與協助。

在啟動階段特別激勵每位教師考慮改變的那些動機因素，現在可能不再那麼吸引人了。雖然對領導者來說，還是必須持續強調這項變革的**目的**（在啟動階段是非常關鍵重要的），也要鼓勵教師勇敢冒險和嘗試實驗（支持教師的**自主**），但是現在關鍵重要的工作是：支持教師們朝著**專精**的目標穩定的努力與發展。

在實施階段，這三個動機因素仍然持續在教職員身上發揮作用，但關於專精的想法要開始強化、深入紮根，專精是持續不斷、循序漸進的差

異化教學技能發展進程，需要結合個人的成長型心態和努力作為才有可能
達成。人們相信自己有能力做到有效差異化教學的信念，確實會改變他
們的動機與成就；而教師對自己能力發展的程度、對改變教學做法的自
信程度，以及看到這些做法帶給學生的好處，都會正向的改變他們的行為
（Tschannen-Moran, 2004）。因此，在實施階段，重要的是一開始要聚焦
在教學實驗、嘗試與犯錯、支持教師們在教學實務上做出小小的改變，然
後再專注於鼓勵教師們在現有的成功基礎上，做出更大的改變。

　　實施階段是實際工作轉變得困難的時期，我們都知道如果教師沒有體
驗到小小的成功，他們可能會放棄改變。每個人都曾聽聞教師和學校之所
以放棄差異化教學是因為它「太難了」。再次強調，對抗這種觀感的方法
是為教師設定實施的範圍界限和預定期望，並允許他們在這些範圍內做出
一些選擇（自主）。實施階段的整個工作看起來頗為「混亂」，教師可能
會覺得很難處理這些改變，難以把這些改變融入到自己的教學實務當中。
對領導者來說，更重要的是要積極支持、捍衛這些改變以及這些改變背
後的深層目的。有四個面向會對變革方案的實施階段造成影響（見圖
2.3），主要是它們會對個人的動機產生影響——特別是自主因素（Fullan,
2007）。

　　以下的問題應該有助於釐清說明這四個面向會如何影響差異化教學變
革方案進行的速率和結果。

- **變革方案的清晰度**：教師們能否清楚描述差異化教學的基本特徵和
  如何實施差異化教學？有多清楚？教職員是否了解差異化教學，並
  且使用共同的差異化教學定義？他們是否逐步了解有品質的實施差
  異化教學會是什麼樣子？
- **個人對變革的需求感知**：差異化教學的目標跟個別教師的目標和優
  先需求之間，相符的程度有多少？

圖 2.3 ▪ 影響變革方案實施階段的四個面向

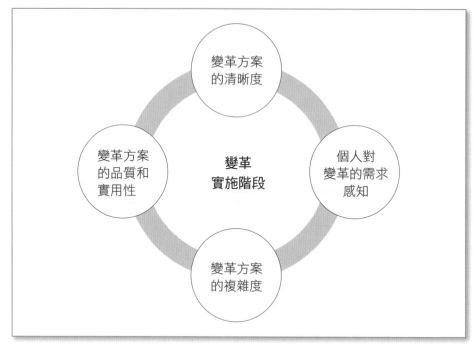

- **變革方案的複雜度**：這項改變有多困難？個別教師看得到他們可以如何逐步推進教室裡的差異化教學嗎？
- **變革方案的品質和實用性**：教職員是否了解成功的差異化教學可能對他們的學生和他們自己造成多少好處？他們看得到在養成差異化教學專業知能的過程中，他們會如何獲得必須的支持嗎？

　　實施階段是變革方案開始進入教室的時期，對我們來說，很關鍵的是要有一個周全的計畫，隨著教師們逐漸了解和應用差異化教學，一路支持他們的發展。同樣重要的是，計畫要有彈性，並且要學習和了解實施階段各方面的狀況，以調整、改變領導者的行為和專業發展計畫，能夠在教師發展教學做法的過程中，給予最好的支持。

為了決定「實施階段進展得如何」，有用的做法是跟個別教師和教職員進行非正式與定期的聚會，簡短的對話討論差異化教學的原則和做法，以深入了解他們的觀點。以下列出一些可以引導對話的問題：

- 對你來說，差異化教學的目的清楚嗎？
- 你怎麼知道你的班級需要差異化教學？
- 在你看來，差異化教學有多複雜？為了讓它變得更有可能達成，你做了什麼事情？
- 是什麼讓你有動機持續發展差異化教學的知能？
- 我們的做法應該有哪些不一樣的改變，好支持你持續增長差異化教學知能？

　　這些問題的答案可以提供珍貴的洞見，深入去了解實施階段進展的狀況，也顯現是否需要進一步處理改變的需求（**目的**）、拆解變革方案的複雜度（初期小步小步的走向**專精**），並且透過額外的行政或結構性的支持來搭建鷹架，支持變革方案的品質和實用性，使得實施的過程不會對教師們產生太多阻礙和困難。

實施階段規劃檢核清單

- ☐ 有足夠的時間可以讓大家以一步一步漸進的方式，完全落實差異化教學的各個層面嗎？
- ☐ 在全面實施這些改變所需的時間裡，是否有系統化的支持？
- ☐ 是否有足夠的容忍度，讓教師們「實驗」差異化教學？
- ☐ 有沒有一個策略性的計畫，進行定期的溝通和重申差異化教學的目的？
- ☐ 「短期的」差異化教學成功案例是否受到表揚？
- ☐ 是否針對差異化教學的管理經營議題給予支持協助？

☐ 是否清楚呈現有品質的差異化教學的指標？

☐ 期望教師在規劃與應用差異化教學上的改變，是否已經拆解成比較容易處理的「區塊」？

☐ 專業發展機制是否有所改變，以支持和滿足教師們在實施差異化教學過程中不斷改變的增能需求？

第三階段：制度化

制度化（institutionalization），也可稱之常規化、融合統整或永續化，指的是當這些改變完全融入學校教學實務系統當中的時期（Fullan, 2007）。它的目標是把這些精進作為轉變成日常行事，即使領導者換人了，也能夠持續下去（Sergiovanni, 1992）。我們想說的是，制度化階段就是當這項變革不再被特意指稱為任何東西的時候。想一想，只要我們還在說我們的主要工作是「嘗試讓差異化教學走進我們的教室」，就是還沒有真正把這項變革融合、制度化到教學實務當中。光是我們仍然指稱這項變革的事實，就代表著我們還在嘗試完全落實這項變革。

在制度化階段，變革要不就是變成學校教學結構的一部分，要不就是因無效的實施或有其他競爭方案出現而被遺棄。跟前面兩個變革階段一樣，在這個關鍵點，領導者需要考慮幾個重要的因素。雖然人們在實施差異化教學上已經有一些成功經驗，但他們仍然在嘗試把這些改變完全融入他們的教學實務當中；雖然，自主、目的和專精等動機因素仍然適用，但具體的語言和支持的類型必須改變了。舉例來說，我們的語言現在要轉變成整體組織目的的統整融合，以及預期差異化教學會如何變成每位教師的教學系統的一部分。在這個階段，我們現在要鼓勵教師拓展他們教學實務做法的範圍和品質，鼓勵他們依據學生的學習需求和結果來做教學決定，而非那種比較機械化和表面化的「差異化處理」。在制度化階段，必須鼓勵個別教師批判性的檢驗他們的教學做法，看看能夠如何深化、強化和拓

展這些做法。

　　我們必須記得，即使在完全制度化階段，工作並不因為我們已經完成「它」而「結束」了。我們必須持續評估結果，並且積極主動發展差異化教學的思考探究團體，往後，教師們仍持續需要定期的鼓勵、回饋，以及與個人連結的專業發展計畫，好讓差異化教學完全變成「他們的」，能夠把差異化教學融入日常教學中，並且持續修改調整這些教學做法，一學期接一學期，年復一年。

制度化階段規劃檢核清單

☐ 人們仍然指稱差異化教學是「我們嘗試在做的事情」嗎？

☐ 專業發展機制有什麼改變，好讓人們知道如何深化他們的差異化教學做法，聚焦在品質上，並且得到更好的結果？

☐ 是否仍然有定期溝通差異化教學做法，以及討論應用差異化教學原則和做法的問題解決之道？

☐ 學校的相關條件狀況是否有所改變，會影響到差異化教學的實施？如果是，這些狀況要求領導者和教師做出什麼樣的因應，才能持續提升有品質的差異化教學實務做法？

☐ 學校提供哪些支持資源給所有教師和社群團隊，好讓差異化教學變成永續存在、越來越有成效的課堂教學做法？

▌連結各個點：動機與計畫性變革的三個階段

　　個人的發展——或教師成長的培育——是逐步形成、不斷演進的事情，它在計畫性變革的不同階段看起來都不一樣。如果我們有足夠的智慧了解這個道理，那麼我們就能夠在變革生命期程的情境脈絡中檢視動機因素，更有策略的協助教師成長，也更有機會獲得持久的成功。

為了驅動長期的改變過程和激發大家的目的動機，領導者必須為差異化教學方案發展出一個整體的願景，這個願景要能回答這個問題：「當我們進行差異化教學時，我們期望它會帶來什麼樣的改變？而當差異化教學全面到位時，我們學校看起來又會是什麼樣子？」一旦創造出差異化教學的願景，它就能給教師帶來清晰度和指引性（有助於激勵動機歷程），同時也提供一種評鑑方案工作執行成效的方法。我們在下一章就會更全面的來看這種聚焦特定方案、協同合作創造願景的發展歷程。

在啟動階段，人們對於這項變革可能會出現幾乎每個人都感覺得到的能量和熱情，而且對於「學習實施差異化教學必然會對學生有益」也抱著高度的希望。學校領導者需要深思熟慮的行動，在啟動階段培植自主、目的和專精等動機因素，在教師跨出最初幾步的時候，能夠維持這種能量。然而，到了實施階段初期，個別教師開始在教室裡面臨必須改變自己行為的真實挑戰，還要把這些改變融入他們認為「已經塞得滿滿、忙碌不堪的日常行事」當中，他們的熱情和實際行動的能量可能會「下降」。換言之，當教師們開始嘗試實驗各種教學改變，同時也體認到這項變革真的又複雜又耗心力的時候，實際落實這些改變的工作狀況可能會變得複雜又麻煩。這種下降落差可能造成重大而危險的影響，如果沒有好好處理的話，持續努力的動機也許會消失殆盡。

圖 2.4 呈現的是在啟動階段末期和實施階段初期的「實施落差」（implementation dip; Fullan, 2007），我們在第七章會討論這種表現落差，並提出發展適當因應策略的指導原則，來處理這種落差以及其他消極不配合和抗拒阻力的問題。不過，在這裡，重要的是要注意到實施落差乃是預料中的事，在朝向「回應每位學生的教學」這個目標進行實質、有意義的改變過程中，它是自然而然會出現的一部分。

因此，在實施階段的發展上，學校領導者必須針對此階段會出現的各種議題組合，開始提供教師們差異化的支持。在啟動階段激勵教師去學習

圖 2.4 ▪ 變革生命期程的三個階段

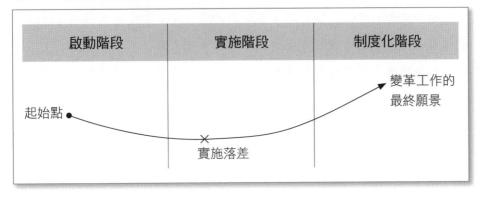

和思考差異化教學改變的動機因素，到實施階段的艱難工作期已經是不同的動機因素組合了！

　　以下這個活生生的案例，來自我們指導全校性差異化教學方案走過各個階段的現場經驗，當你在思考這個案例時，請反思我們前面提到的這些想法。

無意間造成孤立的卡爾弗中學

　　幾年前，卡爾弗國中的雪莉·盧賽爾校長在跟領導團隊的定期討論中，開始討論組成跨學科領域團隊的想法，並且設法讓學校改變成為一所更可靠、可信任的中學。盧賽爾校長也希望這些新團隊能夠一起規劃發展更多差異化教學方法，來滿足學校裡多元學生的學習需求。她的領導團隊對這項變革普遍表現出熱情的反應，加上她也感受到一種改善教、學和跨學科領域合作的迫切性，因此決定抓緊這個機會，讓改變發生。

　　在這之前，卡爾弗是一所傳統的國中，每節課是 55 分鐘，學校整體的感覺是會讓參訪者覺得這是一所「迷你國中」。從大多數可觀察的評量方式來看，它運作得還不錯，各學科領域的團隊會定期聚會討論課程與教

學方法，也會針對觀察到的排課和學習困難一起找出解決之道。在各個學科領域和跨學科領域之間，看來有頗高的信任度，彼此相處得也很融洽，教職員之間也存在著親切友善的教學專業和私人關係。

學區教育當局完全支持盧賽爾校長提議的改變，並且跟社區合作，一方面安定社區居民的心，一方面也安排串聯社區人士支持學校將校名改成卡爾弗中學。學區的教育官員定期跟校長一起檢核、了解這些改變進展得如何，學區督學在變革初期也經常拜訪學校、提供支持協助。

盧賽爾校長和她的團隊認為組成跨領域團隊和差異化教學相關的改變會進行得很順利，他們也規劃和進行了專業發展訓練來啟動這些改變。盧賽爾校長一有機會就不斷的跟教職員溝通這項變革的目的，而這些溝通似乎也進行得頗為順利，沒什麼明顯的反對聲音。新的跨領域團隊成立了，盧賽爾校長下定決心要連結跨領域團隊與差異化教學。

然而，在新團隊初步訓練與成形之後，盧賽爾校長和她的行政團隊注意到各種團隊之間的方法有些不一致，各團隊運作的方式有點不平順，在團隊聚會時間所做的討論重點也各有不同。此外，她督促老師們開始融入應用「低準備門檻」（low-prep）的差異化教學技巧，比如出場卡、小組教學和學習工作任務選擇等等，卻遇到反覆無常的結果，老師們熱衷實施的程度也不一。有些老師開始公開表示，最初決定要實施差異化教學方案的時候沒讓他們參與，他們感到很生氣，也討厭這個新教學方法的種種期望。過去的人際互動關係受到損害，而剛形成的跨領域團隊教師之間的新關係卻建立得很慢。有些團隊規劃時間經常出現公開的衝突，其他的時間則是簡短、敷衍的聚會，只做一些表面的規劃。關於差異化教學的對話停滯在表面的做法，老師們開始對彼此關上門，而教師的「孤立主義」開始成為常態，其他事物也繼續崩解。

在啟動變革方案幾年後的今天，卡爾弗中學看起來死氣沉沉又痛苦萬分，雖然學校裡仍然有跨領域團隊、一所中學的結構、差異化教學的討論

和「客氣禮貌的常態」，但是真正的教學創新卻很少見也很零散。盧賽爾校長看不到學校的教學品質有顯著進步，這項變革對教師協同合作關係的負面影響讓她很困惑，最初跨領域團隊結合差異化教學的想法是如此的偉大崇高，現在卻無處可尋、難以看到了。

當你在思考卡爾弗中學的困境時，請想想這些問題：

1. 你會怎麼描述這項跨領域團隊結合差異化教學的變革計畫的各個階段（啟動階段、實施階段、制度化階段）？
2. 大家對於這項變革有多少程度的了解？是不是一下子改變太多？為什麼你會這樣想？
3. 卡爾弗中學正在經歷熱情與表現的「實施落差」嗎？是什麼造成的？
4. 這位校長在領導變革上是如何建立三個動機因素？
5. 卡爾弗中學可以脫離這場混亂嗎？該怎麼做？如果他們要繼續努力走向成功的實施跨領域團隊和差異化教學，需要發生什麼事情或條件？
6. 從這個案例，我們可以學到什麼「領導教訓」？

在培育教師成長的過程中，為什麼要關注這些想法？

我們在卡爾弗中學的經驗很複雜。雖然，邁向跨領域團隊和差異化教學的變革當然有它吸引、說服人的理由，但我們懷疑教職員是否真的清楚了解這項變革的目的，教師們是否真的感受到跨領域團隊、差異化教學或兩者的需要性？盧賽爾校長將跨領域團隊的組成視為對話討論差異化教學的工具，以及讓教師們更了解卡爾弗學生的方式，但是這個訊息可能被淹沒在結構性的跨領域團隊決定過程當中。除此之外，研習訓練啟動了這些改變，但是並沒有證據顯示學校如何更有策略性的支持教師落實小小的

改變以逐步導向能力的專精。就如一般很常見的狀況，「宣布」變革的動作，代表的是學校支持教師唯一明顯的作為，冀望這樣的宣布就能讓教師了解學校要求教師進行相當大規模的調整改變並看到其潛在的價值，也因此，卡爾弗中學的改革結果和人際關係受到了極大的損害。

我們認為有一條清晰的路徑可以結合「建立深厚人際關係」和「持續聚焦工作結果」的原則，培育教師成長，好讓他們培育學生成長。身為領導者，我們必須留意關注學校裡的每一位教師——他們跟我們的關係如何、跟我們一起工作的狀況怎麼樣、他們彼此合作的情形如何，以及他們是如何逐步了解像差異化教學這樣的變革。跟教師**一起**做事，而不是**針對**他們做些什麼事，這裡面涉及了一系列的彈性作為，以發展、支持他們個人學習發展的內在動機。用這種方式，教師們會逐步建立起自己的目標，而不是把焦點全部或大部分都放在外在的表現要求上。

Dweck（2006）提醒我們，想落實重大變革的領導者的目標，是創造一種團隊共識，將所有的激光焦點專注放在「不計任何代價的學習」，而不是造成或讓同事們為了避免不確定性必然會帶來的不安感而投注許多心力在「表面上看起來很聰明」。在教師們朝全面落實實施的路上前進時，運用本章提到的這些想法，支持協助他們深刻的體認到認真工作、積極努力、實現潛能與迎向挑戰阻礙的價值，並從中獲得成長，這是非常基本重要的。為了適當的「耕耘土地」好讓個人成長能夠紮根，我們必須定期討論工作執行狀況以及在這條路上可能會遇到的困難掙扎；我們必須談談在邁向制度化的路上，變革看起來會有什麼不同、感覺會有什麼差異；我們也必須談一談是什麼「激勵驅動」這個團體以及其中的每一個人。

我們建議想領導學校落實差異化教學方案的你，完成表 2.1 的「長期變革準備度評估表」，廣泛、全面的評估你的學校或學區是否已經準備好進行這個或任何一個大型變革方案。完成這個準備度評估表也能讓你洞察有哪些實施行動需要你的支持或調整。仔細思考表格內呈現的每一個因

表 2.1 ▪ 長期變革準備度評估表

這些因素出現了嗎？	如果沒有，需要怎麼做？
重視建立行政領導人員之間以及教師之間的關係，共同完成手上的任務。	
領導團隊運用「推一把和抱一個」哲學，把焦點放在工作執行和結果，同時也支持教師個人的發展與成就。	
日常的互動溝通能夠支持教師自主並協助教師做決定。	
溝通與對話內涵會探討重大變革方案的目的。教師們可以清楚說出為什麼我們要做我們正在做的事。	
謹慎小心的開始所有重大變革方案，並且鋪陳幾個簡單的「第一步」來告訴教師們可以如何開始。	
針對啟動階段的工作，我們有思考周全的計畫，所以它有好的開始。	
我們知道實施重大變革方案需要時間，而且我們也清楚規劃出每年度的改變計畫，所以教職員知道他們的目標是什麼。	
在變革的實施階段，教師專業發展持續進行，因為我們知道在教師嘗試實施新教學做法時，將會需要額外的支持協助。	
之前的確出現過幾次「實施落差」，但我們有策略性的支持方法，盡可能縮短落差的時間長度並降低偏離願景的程度。	
我們把重點放在持續的學習和實踐行動，而不是表現目標。	
學校有一種「我們能做到」的精神，因為我們以前曾有過全面落實的經驗。	

素，如果發現在你的學校環境裡有任何一個因素很微弱或欠缺，你可能就要採取行動，在需要發生的事情上施力作為，創造出必須具備的條件和環境，才能支持這種目標明確又需審慎考量的差異化教學方案，或是任何其他大型的學校或學區變革方案。

本章詳細說明了領導和管理學校大型變革的要素，而全校性差異化教學發展方案的特點是必須系統性的改變我們「經營學校」的方式，所以它當然有資格列為重大變革——也就是第二序改變。我們可能以為，身為領導者的我們早就對變革有許多了解，知道什麼會激勵人們產生改變動機，以及如何思考規劃長期的變革好讓它能夠持續。那麼，為什麼有那麼多的變革作為會陷入困境、受挫失敗？問題似乎在於，領導者常常不依據他們所知道的來行動或應用。換言之，認同這些想法只代表一部分的勝利，而認同加上經常展現出來的行動，才代表你培育差異化教學做法的努力作為有可能獲得長期持久的成功。

培養領導能力

在發展實施差異化教學的工作規劃時，想一想底下的概念，想一想你現在的位置在哪裡。在下列各項原則當中，哪些是用來促進自我反思和工作執行的好素材？哪些暗示著你自己的知識或技能還有需要再持續成長精進？你可以如何運用這些原則來推動有條理、有效能的領導做法，以支持大規模及長期的改變？

❑ 我了解關係和結果這兩者在實行有效差異化教學之類的重大變革時所具有的力量。

❑ 我日常領導的對話和行動，能同時兼顧建立關係以及清楚聚焦在我們實施差異化教學所需要和期望的結果。

❑ 我會運用激勵人們長期動機因素的知識來跟個別教師一起工作，支持他們差異化教學的成長。

❑ 我所領導的教師們可以輕易的描述說明在差異化教學方案中，他們的自主感、目的感，以及朝向專精的努力作為。

❑ 對於學校或學區內所有重大變革方案的生命期程，我都做好了「我們在哪裡」的規劃——包含有效差異化教學的變革方案。而且，我也運用這種覺知來預期變革方案在特定某個階段裡必須考量的相關因素。

❑ 我的教師們知道在學校的重大變革方案（包含差異化教學）生命期程中「我們在哪裡」，也能夠對我和其他人說出他們在哪個位置。

❑ 我已經測量過許多次「實施脈搏」（implementation pulse），所以我的教師們都預期會有這些對話時間，他們了解我是如何運用這些對話所獲得的資訊來調整我在差異化教學方案的領導與支持作為。

第 **3** 章
為差異化教學境界設計一個願景

　　請記得，目的，或願景，有助於激勵人們啟動和實施學校改進工作；願景，絕對是領導者開始差異化教學領導的正確起點。也請記得，差異化教學的領導是流動變化的，對於教師的專業發展與支持協助，必須隨著時間而改變，隨著教師從開始進行差異化教學到進入最緊張激烈的時期而改變。在這一章，我們會仔細檢視一個全面架構性的策略，讓你可以在學校創造出你想看到的差異化教學因材施教的風景。這個關鍵策略就是發展出一個**操作型願景**（operational vision）。正如這個詞彙所表示的，這個策略的目標是把一個有點抽象的想法轉化成具體、可實踐行動的一套說法。操作型願景的特徵是具體明確又清楚的陳述工作計畫將會如何進展，它不僅能夠激發人們啟動差異化教學變革的動機，同時也有助於指引和維持人們未來幾年的工作。

▌學校通常怎麼計畫未來的工作？

　　在探討操作型願景的內涵——因材施教的學校為何需要它以及如何設計它——之前，讓我們先停下來想想學校和學區最常見的提出願景和計畫的流程。你可能頗熟悉底下這個情景：

崇高偉大（即使無用）的年度流程

　　這是新學年開學日之前的一週，希維特高中的教職員回到學校，參加每年預定的（也是學區規定的）活動——一連串的會議，在會議中，大家一起腦力激盪或回顧檢討學校的願景和使命。教職員被要求「想像這個學校未來看起來必須是什麼樣子」，並且把這個願景精簡列成幾個偉大的想法。接著，這個學校演出第二幕，他們被要求創造「汽車保險桿標語貼」或標語式宣言，用來表達他們所做的工作，據解釋，這就是學校的使命聲明。

　　今年，如同過去的每一年，希維特的教師大都願意參加這些活動，即使並非特別的熱衷。今年，如同過去的每一年，他們提出來的願景和使命宣言，最後會放大做成海報尺寸的展示品，並且掛在學校入口處很顯眼的地方。今年，也像以往的每一年，在幾天以後，這些展示品會消褪成為背景，教師鮮少注意到它們，更別說會拿它們來省思自己的教學做法。這些官方的願景和使命基本上會被遺忘，直到明年教職員按照規定再度聚會時才被想起，然後再走一遍同樣的流程。

　　對我們多數人來說，這個「崇高偉大的流程」是很熟悉的循環，而且多年來，我們（本書的作者）也參與過不少學校、學區創造願景和使命宣言的過程。儘管這些集會背後是良善美意，每個參與者也很認真努力，可惜大部分產出的標語宣言最終的功用都是收集灰塵，而非驅動人們在學校裡創出有意義的改變。我們懷疑這種創造願景使命的流程已經變成敷衍了事。在這一章，我們會建議一些方式，讓差異化教學的願景能夠變成有效促進改變的驅動力。不過，我們需要先來檢視一個關於創造願景和使命的關鍵問題——用語的混淆。圖 3.1 呈現**願景、操作型願景和年度改變計**

圖 3.1 ▪ 邁向差異化教學的三個關鍵指引型用語定義

願景	• 激勵、推動工作的原則、實務做法和未來潛力。 • 提問:「如果達成了我們的道德目的,我們在這個學校能夠成就什麼?」 • 説明「為什麼」我們要做這項變革工作。
操作型願景	• 為了達成這個道德目的,我們需要做「什麼」。 • 提出具體的指標描述,讓我們能夠實現願景。 • 説明如果我們要確實達成這個願景目的,它看起來必須是什麼樣子。
年度改變計畫	• 描述每一年的進程裡,「如何」進行相關的工作。 • 以合乎邏輯、可管控、短期的計畫來表達呈現。 • 説明如果想更趨近我們想要達成的目標的話,這就是我們今年必須完成的工作。

畫這三個關鍵用語的定義,我們會運用它們作為規劃全校性差異化教學變革方案的指引。在規劃和管理變革的過程中,這些是分別獨立但又密切相關的元素。願景是激勵、推動領導者和教職員工作的原則、實務做法、道德使命和未來潛力;操作型願景是描述大家渴望的未來的「文字畫」(word picture),它把我們最終極的希望和目標轉譯成具體的語彙或指標;最後,年度改變計畫描述的是每一年的「任務」:為了持續向前邁進、更趨近願景和操作型願景,我們所必須採取的行動。

力量的轉移：為何需要差異化教學的操作型願景？

關於**願景**，比較容易理解的定義是「為該組織所設定的一個實際、可信、有吸引力的未來」（DuFour, DuFour, & Eaker, 2008, p. 472）。我們已經發現，一個令人信服的願景是推動學校變革的強力動機，因此我們會特別強調在邁向差異化教學的旅程中，必須提出某個特定願景的重要性。關於一些可能的差異化教學願景的討論，請回顧參考第一章。

每個領導者在試圖進行領導之前，都應該深入且廣泛的思考願景。一個有價值的願景必然會停留在對話討論的最重要位置，而且也會無限期的一直居於最重要的位置。雖然，這樣的願景本身就應該能抓住學校裡所有利害關係人的注意力和興趣，但它並不會改變任何東西，因此，身為領導者的我們一定要做到的關鍵是：讓同事們一起創造出一幅文字畫，描繪出每一位教職員工必須做到什麼，好讓願景裡的想法轉化為每天的行動。我們把這種行動導向的文字畫資料稱為**操作型願景**。這種操作型願景有幾項標準（取自 DuFour et al., 2008）——能有效協助操作型願景成功發展和溝通傳達所必須具有的標準。簡單來說，全校性差異化教學的操作型願景必須做到以下幾項：

- 清楚傳達差異化教學看起來是什麼樣子。
- 訴求的是學校教職員工長期關注的興趣或議題。
- 務實看待即將執行教學改變的人，但也鼓勵他們迎向挑戰。
- 在做決定和評估成效的過程中，必須提供聚焦且清楚的指引。
- 根據學校的改變狀況，提供足夠的彈性讓教師有些自主性和個人反應空間。
- 支持協助對利害關係人的溝通與說明。

傳統上，學校領導者會引導協助全體教職員勾勒出願景的過程：**這就**

是我們對學校的期望，以及希望它看起來的樣子。（別忘了希維特高中的例子。）雖然，對學校教職員來說，對「優質學校看起來是什麼樣子」有一個整體意識是很重要的，但我們經常發現，試圖邁向差異化教學的教職員，並沒有**特別具體**描述出因材施教的優質學校看起來是什麼樣子，導致他們對於差異化教學的定義或達成的指標並無共識，無法幫助他們邁向優質的差異化教學。提出一個整體性、比較普遍性的學校或學區願景聲明，可能確實有其用處，但更重要的是，提出一個具體的操作型願景，能夠說明新的教學做法看起來會是什麼樣子，而且這必須是由未來將會受到影響的主要利害關係人一起提出來的。

🛠 挖│掘│深│思

　　想想你的學校或變革工作的願景聲明，然後再思考你是否跟其他人一起定義、找出差異化教學的願景。問問自己這幾個問題：

- 一個差異化教學的操作型願景，會有多大的用處？
- 它如何能夠成為幫助你進行溝通的強力工具？
- 教師們如何運用這樣的願景來自我評估邁向差異化教學的進展？

　　當學校教職員都有一個可操作的文字畫，能夠想像每一間教室裡專精深入的差異化教學都到位時，學校最後看起來會是什麼樣子，他們就會知道該把目標朝向何處。身為領導者，我們可以運用這個操作型願景來指導跟教師們的個別談話，鼓勵他們運用這個願景作為對照比較的基礎，來檢視自己的知識、技能和教學實務，並且為自己個人的專業成長設定目標。我們先前已經提過，目的，這個動機的關鍵要素（Pink, 2009），有助於推動人們朝向一個願景去啟動改變。圖 3.2 顯示我們提倡的這種操作型願景是如何支持第二章簡要探討的三個基本激勵動機原則。

圖 3.2 ▪ 操作型願景如何支持個人動機

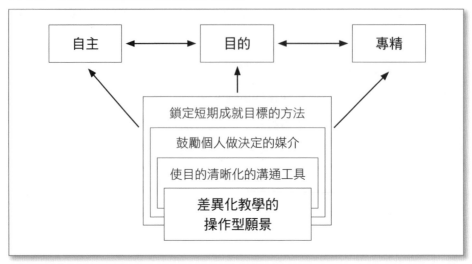

擁有一個清楚的差異化教學願景，能夠讓每個參與變革方案的人對話討論為何努力的目的，那個「偉大的為什麼」通常可以激勵和滿足人們「把自己的想望寄託在一個比自身更偉大的目標或理由上」（Pink, 2009, p. 131）。不過，擁有一個差異化教學的操作型願景，才能把差異化教學正式建立為學校第一優先的重要任務，並幫助教師們把差異化教學的五個關鍵要素視為他們教學成功不可或缺的部分，而且能夠跟其他成功的教學做法充分融合一致。讓教師們一起投入發展操作型願景，共同持續對話討論它的重要性，這對教師的自主很有貢獻，會讓他們在事情要如何開展下去有更多的發言權和選擇權——也會讓他們覺得自己在成就差異化教學上有更多的擁有權。

對於學校領導者和領導團隊來說，操作型願景還握有其他的力量。我們有義務要評鑑學校邁向差異化教學的進展，而操作型願景設定了「終極目的地」，讓教職員可以依此來找出衡量的基準指標，教師們也可以對比更大、更遠的目的地，看看他們現在的短期勝利是位於哪個位置。這種持

續朝專精的目標前進的感覺，會助長與強化成長型心態。總之，針對因材施教的差異化課堂教學提出一個定義清楚又具體聚焦的努力方向，這是帶有極大希望與可能性的策略，能夠創造出更具回應性的教室，並且促成真正的學生學習成長。操作型願景的功用如同指南針，在一路上可以指引教師長期專業成長的目標，也可以指引領導者支持協助的方向，所以，它是有效的全校性差異化教學方案能夠成功持續往前精進的關鍵。綜合歸納差異化教學操作型願景的力量，請參見圖 3.3。

圖 3.3 ▪ 差異化教學操作型願景的力量

學校改進目標和整體願景	確認差異化教學是關鍵策略	發展差異化教學的知識和技能	持續的實施和評鑑結果
教職員參與投入對話，討論他們想要的改變。他們能夠找出為了學生而努力嘗試達成的目標。	教職員合作創造一個差異化教學的操作型願景，說明當這項變革方案完全制度化時，學校看起來會是什麼樣子。	操作型願景驅動領導者與教師之間的對話，討論學校的目標。 操作型願景讓教職員投入個人學習和設定目標，以求有效的實施差異化教學。	教師運用操作型願景來激勵自己行動和努力達成差異化教學實施的短期目標。 學校領導者運用操作型願景作為工具，給予教師回饋建議，並提供繼續執行方案的支持協助。

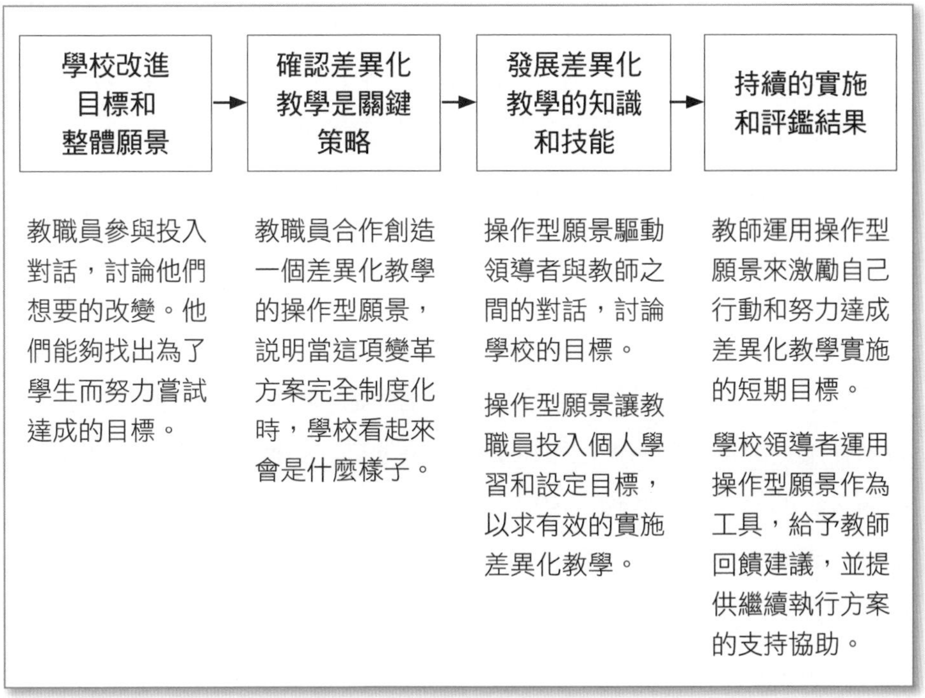

想讓學校教職員創造出差異化教學的操作型願景，我們要如何準備？

在教師和領導者能夠討論差異化教學的操作型願景之前，他們必須先基本了解差異化教學的實務做法和一組簡單的構成概念，才能參與將來的討論。在設法讓每個人準備好開始發展差異化教學操作型願景的過程中，我們認為有機的方法通常是最好的方法。對我們來說，「有機」的意思是，在這個願景被創造出來以前，大家對差異化教學的理解，可以透過學習、嘗試和錯誤而逐漸成長與發展。這聽起來可能違反大家的直覺預期，但其實不然。在人們已經嘗試過某些差異化教學實作的經驗*之後*，更強而有力的差異化教學願景才會浮現，實際上，因為大家已經擁有一些實作知識，所以在規劃差異化教學時就會感到更適應與自在。

基於這樣的假定，教職員創造差異化教學操作型願景的準備度就涉及幾個關鍵的面向，我們建議領導者運用三個做法，讓教職員做好準備，能夠為將來的變革工作創造出一個有充分依據又激勵人心的操作型願景。

說故事：首先，我們必須讓學校教職員一起對話，談談「我們是怎麼走到這裡的」，讓教師們討論學校目前正面臨的關鍵問題和重要需求，以及為什麼差異化教學的做法可以加速推展他們往終極目的前進。這樣的說故事，有助於突顯這個願景值得大家深入思量，而且，最終，也值得大家承諾一起投入努力。實際而言，這樣的說故事可能涉及團隊的資料分析；跟個別教師的非正式對話；領導團隊之間、跟學科領域召集人和學年主任之間的重要對話。這樣的說故事，為教師和行政人員架設了舞台，去反思種種成就、需求與未來。我們可以讓教師和行政人員持續說故事一段時間，讓他們做好準備，進入創造願景的階段。

專業發展 101：進入擬定願景流程之前的第二個關鍵準備面向，涉及專業學習——在本案例來說，重點就是差異化教學的基本概念。這基本

的專業發展，執行方式通常是全體教職員的研習訓練，目的在於幫助教師獲得差異化教學的知識，並建立起教師們對差異化教學的可能性的共同理解。一開始可能比較強調「差異化教學是什麼、不是什麼」（參見圖3.4），而非立即實施差異化教學的壓力。此階段學習的目標是創造出大家對差異化教學共同理解的基準線，以及刺激大家去反省和思考差異化教學對於教師和學生可以產生哪些正面的影響。

檢視擔心憂慮：進入擬定願景流程之前的第三個關鍵準備面向，是體認到這項變革方案可能會引發焦慮不安、擔心憂慮，甚至是不合邏輯的情緒反彈。我們認為，在這個準備時期，學校領導者和教師領導者必須誠懇坦率的對話，討論每個人心中對於預期的改變有什麼擔憂之處。信不信由你，這些對話真的能讓人們對我們這些領導者建立起真正的信任，因為這些對話向教職員傳達出：你們對這項變革的情緒反彈是自然的、受重視的，同時也是受到尊重的。在第四章，我們會再分享其他一些關於理解和處理教職員的擔心憂慮的做法；在第六章，我們會分享領導者可用來快速評估教職員的擔憂的工具。

▌擬定差異化教學操作型願景的完善流程是什麼？

衡量前述準備期三個面向的進展，有助於決定何時是開啟認真對話的正確時機，而認真對話是發展差異化教學操作型願景的關鍵。通常，這個過程最好是盡可能讓最多人參與，透過這樣的做法，向大家傳達一個清楚的訊息：我們希望每個人都有發聲的權利，並且協同合作，期望能夠針對差異化教學發展出大家共通的語彙和深入的對談。

在表3.1中，我們提出一個你可以遵循的流程，可以指引教職員進行創造願景的會議，發展出差異化教學的操作型願景。在幾個小時的會議討論以後，可以再安排一次時間較長的會議（如同表3.1的模式）或幾次較

圖 3.4 ▪ 差異化教學是什麼，不是什麼

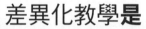

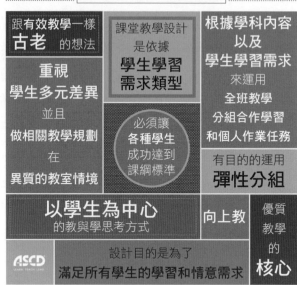

差異化教學是

跟**有效教學一樣古老**的想法

課堂教學設計是依據**學生學習需求類型**

根據學科內容以及學生學習需求來運用全班教學分組合作學習和個人作業任務

重視學生多元差異並且做相關教學規劃在異質的教室情境

必須讓**各種學生成功達到**課綱標準

有目的的運用**彈性分組**

以學生為中心的教與學思考方式

向上教

優質教學的**核心**

ASCD LEARN TEACH LEAD

設計目的是為了**滿足所有學生的學習和情意需求**

差異化教學**不是**

依照「能力」將學生分軌編班或分組

難以配合課綱標準

藍知更鳥、美洲禿鷲和澳洲袋熊(學生能力分組)

針對某些學生**簡化淺化教學**

在優質教學最頂端的**額外附加之物**

一套**教學策略**

大多是為了**資優學生**而設

大多是為了**學困學生**而設

個-別-化的教學指導

給所有學生 IEP

ASCD LEARN TEACH LEAD

分組作業學習之同義詞

短時間的會議，這個流程會在學校教職員的心中產生一幅「文字畫」，描繪出這個學校的差異化教學可能是什麼樣子，以及**應該**是什麼樣子。我們很具體仔細的說明這個模式，甚至連時間安排和文具材料都提出了建議，不過還是要請你依據你學校的特殊需求和情境條件，調整合適的流程。

　　這裡所建議的發展組織願景的計畫，能夠讓學校教職員應用他們對差異化教學的初步理解，實際操作並定義出當教師們心存學生的多元需求來進行教學工作時，教與學看起來是什麼樣子。此外，創造願景的過程也鼓勵所有利害關係人仔細檢視受到最多影響的人員、團體或結構，比如學生、教師和學校單位。雖然表 3.1 呈現的流程頗為條理分明，但實際進行時，必然會有流動變化，甚至有點混亂，協同合作型的方法總是會有這樣的傾向。

　　形塑願景的會議，對參與者而言是個完美的時機，花幾個小時聚焦討論差異化教學，評估自己對它了解多少，並且開始真正設計差異化教學落實、完全制度化以後的面貌。就像任何具有生產效益的會議一樣，許多想法和觀點會被提出來探討，領導者和參與者同樣都應該有心理準備，開放看待各種多元的意見，並相信這個過程會帶領每個人達成共識。對於身為領導者的我們來說，至關重要的目標應該是創造一個既安全又有生產力的環境──讓所有同仁都能公開坦誠的討論，而且仍然可以創造出一個令人滿意的行動藍圖。

　　讓我們來看看一些差異化教學操作型願景的例子，示範你們應該追求的那種清晰度和實用性語言。請注意，每項聲明都是清楚的陳述，讓每個讀到它的人對於那個元素付諸實踐時會是什麼樣子產生一個精確的意象。同時也請思考，當各項聲明整個合併在一起時，它們在本質上真的會變成可以具體操作，可以詳細描述出有效的差異化教學在教室裡看起來是什麼樣子，也看得出來對於擬定這個操作型願景的人們而言哪些優先順序是最關鍵重要的：

表 3.1 ▪ 創造發展差異化教學操作型願景聲明的會議流程

時間安排：會議預計進行 2 到 2.5 個小時。

空間布置：你需要幾張桌子，圍著每張桌子排 4 到 6 張椅子；牆面展示空間；一張擺放文具材料的桌子；一個白板掛紙展示架。

使用材料：白板紙和展示架；白板筆；半開卡紙；大張索引卡（約 12×18 公分）；不傷牆面的膠帶；「投票」用的貼紙或有顏色的點點貼紙。

1. 建立共同的理解基礎

參與者應該 4 到 6 人一組，圍坐在桌子旁，以利對話討論。在教職員出席會議之前，就先對會議裡要做的事有預先的了解，這是很重要的。你可能也會想做一點「暖身活動」，好讓小組成員能夠聚焦。

請參與者想一想和談一談課堂裡需要做哪些改變，好讓學生能更加成功。在做這件事情時，反思一下學校整體的願景，幫助他們談談他們身為人師的道德目的，鼓勵他們反思在過去接受專業發展訓練的過程中，以及透過自己的差異化教學實驗嘗試，他們學到了哪些有關差異化教學的知能。

告訴他們在此會議中，他們將要創造出一個差異化教學的操作型願景，並提醒他們操作型願景可以為學校成就些什麼。要求他們想一想：當差異化教學完全到位而且茁壯發展時，教與學的面貌看起來會有什麼不同。促使他們思考這幾方面的問題：(1) 當**學生**受到差異化教學的支持時，他們會做些什麼？ (2) 當**教師**實踐差異化教學時，他們會做些什麼？ (3) **學校**要如何組織安排，以支援差異化教學？你可能還會想增加其他方面的問題，比如：(4) **家長**如何參與？你可以預先準備投影片或視覺影像來刺激思考。

分發大張索引卡，請每位參與者花幾分鐘的時間，就前述問題各自「寫下想法」，請他們安靜的進行這個活動。

表 3.1 ▪ 創造發展差異化教學操作型願景聲明的會議流程（續）

2. 焦點式的對話討論差異化的教與學

重新安排參與者的分組（請他們帶著自己的索引卡），變成「焦點」小組——**學生**、**教師**或**學校**，然後請每個小組深入細節討論當差異化教學茁壯發展時，學生、教師或學校將會有什麼不同？他們將會做什麼？又會如何組織安排？若有需要，指定一個小組引導討論者。針對每方面的焦點問題，可以有超過一組以上的小組進行討論。

每個小組的成員應該相互比較彼此的想法，並且腦力激盪提出 5 到 8 個「願景」聲明，這些聲明陳述句只針對他們各自所屬的小組焦點問題（學生、教師或學校）。請每個小組把這 5 到 8 個想法，分項書寫在紙卡上，會挺有幫助的。

當小組進行作業時，貼出三張白板紙，每張上面以一個討論焦點當作標題（如：**學生**、**教師**和**學校**）。在預定的討論時間結束時，請小組派一個人將他們寫好的紙卡貼在適當的標題底下。

3. 整理每個焦點底下的願景的優先順序，並開始撰寫草稿

請所有小組成員重新回到整個大群組來進行這個討論。在這個時刻，可能已經有超過一個以上的小組針對某個焦點做了討論，所以現在可以讓他們注意看看彼此的回應是否有任何規律或模式。讓所有人一起討論和澄清這些願景聲明的相似和相異性，找出相同的想法，並確認它們的確是相同的。

發下貼紙（或點點貼紙），邀請所有參與者走到白板紙前面來，看看每個焦點類別底下的想法，安靜的「投票」給他們最希望能夠看到它實現的願景聲明，並且把手上的貼紙貼在他們最重視的想法上。

引導大家針對投票做一番討論，並且依每個焦點小組的投票結果，把最受到重視的願景聲明謄寫到新的白板紙上，當作要點提示，格式如下：

表 3.1 ▪ 創造發展差異化教學操作型願景聲明的會議流程（續）

在　　　　　　　　（學校名稱），我們承諾要發展差異化教學，讓它永續制度化，在我們學校裡

學生是

教師是

學校的組織安排是為了

至此，你們已經有差異化教學操作型願景的草稿了。

4. 確認差異化教學的新願景

請參與者再回到他們的小組，討論願景聲明草稿內容，以及支持和反對的意見。給參與者充分時間討論，並提出問題請大家仔細思考，包括：

- 哪幾項聲明最受到小組成員的熱情支持？
- 哪幾項聲明需要再做澄清？
- 我們遺漏了什麼？

請所有參與者投票表示他們有多支持這個願景草稿（以拳頭和手指表示從 0 到 5），或要求每個人寫下對這個願景的承諾書，在上面簽名，並拿它當作出場卡，完成後就可以按照預定時間表休息。

5. 工作小組進行編輯和最後定稿

找出 3 到 5 個願意「編輯」願景草稿的人，修改語言文字的清晰性、整體一致性和可讀性。這些編輯者可以是預先指定或自願的人，請他們在預定的時間內把願景聲明編輯修改好，然後向所有人回報最後的定稿。

我們承諾要發展差異化教學，讓它永續制度化，在我們學校裡──

教師是

- 自在的跟學生談論差異化教學的特質，為什麼它很重要，以及班級裡的每個人可以扮演什麼角色，好確保差異化教學的有效落實。

- 以核心關鍵的知識、理解和技能，來建立清楚的學習目標。

- 創造每日教學計畫，盡可能跟同事和社群團體一起思考討論，針對多元不同的學生學習準備度、興趣和學習方式來設計。

- 每一天都要「向上教」，對所有學生建立高期望，並支持他們達成目標。

- 不著痕跡的運用形成性評量的資料，觀照和洞悉教學計畫應該如何修改調整，才能幫助所有學生在他們各自的學習之路上向前邁出下一步。

- 選擇適當的教學策略和方法，既能關照到學生的多元差異，也能聚焦在基本核心的學習目標。

- 跟學生一起討論、發展教室常規，平衡兼具調整彈性和可預期性。

學生是

- 輕鬆自在的談論差異化教學代表的意義，它看起來是什麼樣子，以及為什麼它很重要。

- 提到特定的學習目標時，會以知識、理解和技能等用語來說明。

- 在上課時間當中，很容易移動成多元分組的座位安排，有利於專注投入適當的學習任務。

- 對於形成性評量和自己個人學習進展的評量結果有一定的了解，並且具體化為個人學習目標的設定，也能持續努力以達成目標。

- 協助同學清楚設定、努力向前，並且達成他們的學習目標。

- 跟老師對話討論如何調整教室常規、選擇合適的學習工具和資源，以及如何透過合作學習的方法來支持每位同學成功達標。

學校的組織安排是為了

- 透過運用清晰一致的語言、相關資源和支持協助，讓教師和社區人士聚焦了解差異化教學。
- 預留時間，讓教師們每天都有機會協同合作設計教學計畫，以滿足學生多元不同的需求。
- 提供駐班的教學輔導教練，支持協助每位教師持續朝向差異化教學五項關鍵要素邁出下一步。
- 要求教師必須每天運用形成性評量，蒐集相關資訊作為規劃和執行教學計畫的參考。
- 提供教師回饋，讓他們了解自己在有效運用差異化教學五項關鍵要素（環境、課程、評量、教學、班級領導與經營）上的成長情形，以支持和滿足他們教室裡學生的多元學習需求。
- 創造由教學專家組成的教室支持團隊，跟班級教師協同合作設計和應用教學計畫及相關素材，以支持各式各樣的學生成功學習。

差異化教學的操作型願景會不會過於龐大、淹沒大家？

簡單的答案是——會的。事實上，如果我們在創造出整體的操作型願景之後就停止了，我們會發現自己無法根據這個願景來做有效的執行管理。正如我們在前述範例所看到的，差異化教學的操作型願景是包含各種面向、龐大又長期的，它仔細描述各種利害關係人最終是如何運作、學生是如何參與學習的，以及學校看起來會是什麼樣子，方能好好的支持整個

教學變革方案持續到未來。教師們可能一方面喜歡這個擬定差異化教學操作型願景的過程，一方面也疑惑自己究竟要如何才能實現這些高挑戰度的抱負，這實在令人卻步，甚至讓人深感挫折。

所以，我們還需要另一個步驟，方能讓這個操作型願景發揮它的作用，成為推動差異化教學的激勵動機和強大驅動力。因此，在變革方案啟動階段稍晚的時機，而且是在大部分教師已經開始認真在教室裡實施差異化教學原則之前，領導者和領導團隊必須重新探討這個全新鑄造的操作型願景，以產出第一年的**年度改變計畫**。這個計畫比操作型願景簡短得多，它提供領導者和教師一種方式進行彼得‧聖吉（Senge, 1999）所說的「願景地平線視野化」（vision horizoning）：想像他們身處這個偉大方案（在本案例即是差異化教學）的起始點，跨過整個地平線，遙望操作型願景聲明在遙遠未來的樣子。

可能只有在三到五年的實施以後，操作型願景才會真正實現。因此，領導者在實施階段一開始的任務是盡可能的讓更多的利害關係人都參與進來，一起來描繪出**今年**的成就將會是什麼樣子。對參與的教職員來說，願景地平線視野化會讓改變的旅程看起來變短了，也更「可以做得到」，而且，因為這個改變計畫是從長期的操作型願景衍生出來的，所以，年度計畫跟最終的差異化教學目的地是一致的。請回想我們對於願景、操作型願景和年度改變計畫的定義以及其間的差別，年度改變計畫會推動大家的工作，以達成操作型願景，而這又會進一步落實學校更大的願景。願景是「為什麼」的原因，操作型願景是「做什麼」的內涵，而年度改變計畫則是「怎麼做」的方法。

年度改變計畫，如同它的名稱所表示的，應該是在實施的每一年創造出來的，將操作型願景拆分成可以做得到的目標「區塊」，清楚的讓教師們明白，我們並未期望他們立即一次到位的做到操作型願景陳述的所有改變，他們就比較不會覺得壓力沉重、快被淹沒了。他們可以依據這個可管

控的一年計畫，務實的追求可達成的改變。因此，年度改變計畫的運用，符合我們所知道的動機理論，也能激勵個別教師邁向專精的動機。請參見圖 3.5，以圖像式描繪出年度改變計畫的功用，以及後續的每一年度改變計畫跟最終結果之間的相關性。

　　實際上，我們建議使用「逆向設計」歷程（Wiggins & McTighe, 2005），從整體的操作型願景來產出年度改變計畫；應用這個方法，可以確保你們的每一個改變計畫都能夠朝著最終的差異化教學願景來推動變革工作、對話討論和評鑑進展情形。圖 3.5 底部的箭頭是從最終的差異化教學願景逆向回指，並且描繪出四年的年度改變計畫，以推動學校每年的工作，朝向那個願景前進。其中特別要注意的是「實施落差」（參見第 44 頁），擬定年度改變計畫的過程，可以讓學校畫出具體詳細的行動路徑，將各種妨礙教職員深入落實差異化教學的阻礙因素降到最低或完全消除。

圖 3.5 ▪ 年度改變計畫推進變革工作的功用

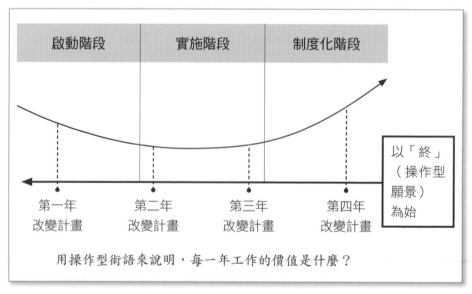

雖然，創造每個改變計畫的過程並不需要像創造操作型願景的過程花那麼多時間、要那麼多人參與，但它仍然應該是眾人協同合作的，並且要能促進對話。

組織年度改變計畫團隊要考慮的問題

- 哪些人曾參與最初創造操作型願景的過程？哪些人必須參與這個年度改變計畫的創造過程？哪種程度的重疊一致性對我們最有幫助？
- 我們需要多快把這個年度改變計畫發展出來，以免大家失去前進的動力？
- 我們要如何運用這個改變計畫來推動今年的對話討論？
- 我們要如何達成適切的目標一致性，同時還能讓教師們擁有自主設定和追求個人目標的空間？
- 我們要如何運用這個改變計畫來提供各種必要的支持協助，讓教師們能成功進行教學改變？
- 我們要如何擬定這個改變計畫，讓我們清楚知道如何形成性與總結性的評鑑今年的工作進展？

　　發展年度改變計畫的開始，是把這個新任務跟差異化教學的操作型願景連結扣合在一起。雖然我們強烈的相信，設計整個操作型願景的過程應該是所有利害關係人都有權利發聲、參與創造的「平等歷程」（flat process），但因為領導者的工作是領導整個學校朝差異化教學發展並設法逐年推進實現願景，所以我們建議以較為諮詢顧問式的方式來完成這個年度改變計畫。表 3.2 描繪出一個安排改變計畫會議與發展改變計畫的流程。同樣的，請你依據學校的文化和組織等等的情境條件，調整這個流程，讓它能夠發揮最佳的功用。

表 3.2 ▪ 創造年度改變計畫的會議流程

時間安排：2 小時。

空間布置：你需要幾張桌子，圍著每張桌子排 4 到 6 張椅子；牆面展示空間；一
　　　　　張擺放文具材料的桌子；一個白板掛紙展示架。

使用材料：白板紙和展示架；白板筆；大張索引卡；不傷牆面的膠帶；「投票」
　　　　　用的貼紙或有顏色的點點貼紙（如有需要或必要）。

1. 逆向設計的反思

把參與者分成 4 到 6 人的小組，指導他們回到操作型願景的各項聲明和其中所
涉及的群體或組織（例如：學生、教師、校長、學校，也許還有家長），並請
他們想想：在願景實現的**前**一年，什麼事一定要發生。（如：如果願景是五年
後要實現，那麼在第四年、第三年……等等，什麼事一定要發生？）請他們使
用一般用語來談每種群體或組織的特徵和行為。持續這個討論歷程，直到他們
能用一般性的語言文字來歸納、寫出所有類別每年的成長，做到第一年（或距
離現在最近的一年的工作）再結束。這部分的反思可能會產出一系列的白板紙
海報，以「逆向式」的方式張貼出來，一開始是操作型願景，接著是往前回溯
到目前的年度，以總括原則性的語言文字來描述每種群體必須如何改變。

2. 確認重要的改變

向參與者說明，接下來他們要先思考，然後寫下他們認為在今年的實施期間，
最合理的改變是哪些，或者，換句話說，在即將來臨的這一年（比如第一
年）過了以後，這些改變看起來會是什麼樣子。請他們依據操作型願景裡提到
的那些相同的群體或組織（如：學生、教師、學校）來思考這些改變。提醒他
們，今年他們可能並不期望某些群體或組織會產生明顯重大的改變，而這絕對
是可以接受的。他們要思考的是今年度最重要的群體或組織所要產生的最重大
的改變。

現在，要求每個人在索引卡寫下自己的想法，一張卡片寫一個寫法，寫下今年
的種種行動的價值是什麼，以及這些改變看起來應該是什麼樣子，好讓他們的
想法既能激發思考又具有合理性。此時，參與者可能需要一些例子來刺激他們
思考，例如：**教師們開始研究評量方法以及形成性評量如何促進教學的角色功
能；或者，教師會運用出場／入場卡和其他低準備門檻（low-prep）的形成性**

表 3.2 ▪ 創造年度改變計畫的會議流程（續）

> 評量策略，並且使用這些評量結果來改變他們的教學計畫。
>
> 給予充分的時間，讓每個人好好思考和寫下想法，直到參與者針對操作型願景裡的所有群體／組織都產出一些想法為止。
>
> ### 3. 討論關鍵的策略
>
> 接下來，請參與者移動組成 4 到 6 人的小組（領導者決定大家如何分組的方式）。小組成員分享彼此的想法，發展出 5 到 7 個關鍵改變計畫策略，詳細描述將要採取的行動，同時也讓人深入了解今年度工作「成功」的話會是什麼樣子。每組指派一個記錄員，記錄組員對於每個群體或組織的想法，再以比較大的字體謄寫在大張卡紙或白紙上，好讓距離遠一點的人也能看得清楚。在預定的時間結束時，請每一組派一個人把整理好的想法貼在適當的標題底下（如：學生、家長或學校）。**注意**：如果你們有 5 個小組（每組 6 個人）的話，最後應該要有 25 到 35 個想法貼在 3 張大海報上。
>
> ### 4. 檢視、排序與討論可能的改變行動
>
> 引導大家討論張貼出來的想法，把相同類似的想法剔除、整併，澄清某些行動想法……等等。此時，如果某個主要標題底下的想法比較少，引導大家再討論，以產出更多的想法，把它們貼上來。
>
> 請每個小組檢視所有整理好的改變行動，並創造出屬於他們的「前 10 名排行榜」，列出今年最重要的差異化教學「10 步」。請每個小組把它列在一張白板紙上，完成了以後，並排貼出來，然後引導大家核對檢視相似的地方，分享大概的想法和關切擔憂之處。在大家分享完對各種行動的整體建議之後，邀請每個小組對大家提出簡要報告，包含對相關建議的評估，並提出小組還有的任何問題。
>
> 在此時，謝謝所有人的認真參與，並說明學校將會如何仔細探討和運用他們的建議，來擬定今年的改變計畫。完成後，拿出「前 10 名排行榜」，或者依照結論來總結和創造年度改變計畫，或者把「前 10 名排行榜」交給領導團隊，在下一次會議中討論、歸納和決定。你們的目標是創造出一個年度改變計畫，能夠簡潔的說明該年度教師的知識、技能和實施過程會「如何」改變，並且清楚的傳達出該年度的工作重點。

年度改變計畫實際執行時，看起來是什麼樣子？

年度改變計畫通常是分成學生、教師和學校組織等方面，來描述這一年度的改變會是什麼樣子。雖然我們建議使用一個整體操作型願景的標準格式（見表 3.1），但我們認為年度改變計畫可以有多種不同的格式，視每個學校的情境條件而定。

舉例來說，田納西州格林維爾市立學校的領導者們選擇透過很類似表 3.2 的流程來創造第一年的年度改變計畫，但是他們也想要創造出一個有力的視覺圖像來突顯整個改變計畫的重要元素——可以展現這項變革工作是持續不斷的循環的特點。在圖 3.6 裡，你可以看到他們選用的年度改變計畫格式，以及他們決定在第一年實施差異化教學的進程中採取的行動。

格林維爾市立學校的改變計畫，描述與說明了他們在第一年開始落實差異化教學的工作將會如何改變教學實務做法和教學決定的「理論」，這個理論的核心想法是，在計畫中描述的每一項改變都是可以被評估和追蹤管理的。

在擬定格林維爾市立學校的計畫時，領導者決定把第一年的焦點放在成人（特別是教師）和學校組織的改變，再進一步把這些改變細分，列出每個策略工作的「面向」，其計畫如下：

圖 3.6 ▪ 田納西州格林維爾市立學校年度改變計畫範例

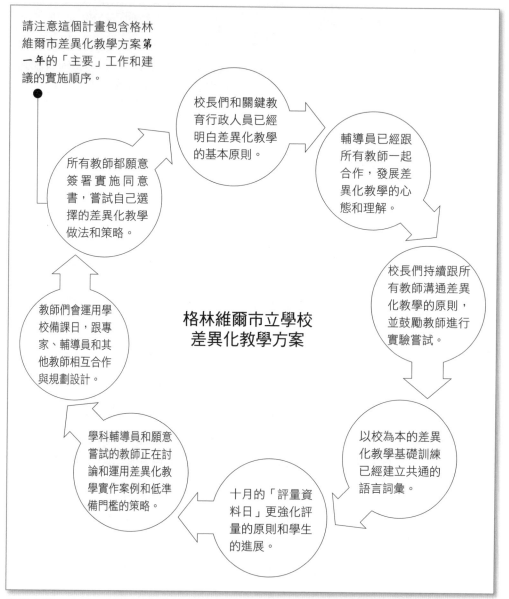

請注意這個計畫包含格林維爾市差異化教學方案**第一年**的「主要」工作和建議的實施順序。

校長們和關鍵教育行政人員已經明白差異化教學的基本原則。

輔導員已經跟所有教師一起合作，發展差異化教學的心態和理解。

所有教師都願意簽署實施同意書，嘗試自己選擇的差異化教學做法和策略。

格林維爾市立學校
差異化教學方案

校長們持續跟所有教師溝通差異化教學的原則，並鼓勵教師進行實驗嘗試。

教師們會運用學校備課日，跟專家、輔導員和其他教師相互合作與規劃設計。

學科輔導員和願意嘗試的教師正在討論和運用差異化教學實作案例和低準備門檻的策略。

十月的「評量資料日」更強化評量的原則和學生的進展。

以校為本的差異化教學基礎訓練已經建立共通的語言詞彙。

格林維爾市立學校第一年改變計畫

教師和領導者	學校組織結構
教師和領導者都知曉差異化教學的基本概念和原則。	學校行事曆會納入幾次非正式的聚會，讓學科輔導教練有機會跟教師們合作探討差異化教學原則。
教師開始嘗試實驗差異化教學做法。	十月的「評量資料日」重點放在形成性評量和資料分析的應用。
教師實施低準備門檻的差異化教學策略，並且在非正式聚會中討論這些策略的價值。	學期初的備課日目標放在差異化教學的討論和協同備課計畫。
校長們會運用非正式溝通和個別會談來推動差異化教學做法。	

在格林維爾市立學校學區實施差異化教學的第一年，校長們並沒有把焦點（或是要求他們的教師把焦點）放在全面性、可能會壓垮大家的整體操作型願景；他們把焦點放在第一年改變計畫。這樣的做法讓教師們能夠在差異化教學裡「看見自己」——也就是，看見當他們逐漸走向更一致、更有效的差異化教學的時候，他們自己的思考和課堂教學做法會是什麼樣子。同時在一整年的過程中，能夠逐步確認學區對他們的期望是什麼。結果顯示，學區裡面的許多教師進展得很順暢，甚至超越第一年改變計畫的目標，而實際上，這也是大家所樂見且積極鼓勵的。至少，第一年改變計畫呈現了大家努力作為的行動策略，也成為評估第一年實施差異化教學的進展的指導方針。

簡言之，年度改變計畫提供領導者一個結構去溝通跟評估每年的努力作為和成效，同時也提供教師和行政人員具體的方向指引，知道他們需要做出哪幾種累進式和策略性的改變。為了完全落實每一年的變革工作並朝制度化前進，年度改變計畫能讓學校領導者在協調指揮各種計畫和激勵培

養大家攜手走向最終願景的動機之際，仍然把焦點放在對話和評量上。

▌年度改變計畫如何推動成長對話？

如果我們有信心，相信運用這些引導教師成長的年度改變計畫能幫助我們建立關係、完成短期行動並做出成果來，那麼，有關年度改變計畫的對話可以是很有力量的。底下的案例說明一位精明的校長如何依靠年度改變計畫的執行，來激發學校教職員的差異化教學作為。

山景初中聚焦在推動改變的談話

幾個月以前，山景初中的教職員完成了發展操作型願景的流程。它是幾個月來針對差異化教學的研究、專業學習和對話討論的結果，大家不斷探討相關的做法，以及這些做法會如何深化學校裡的教與學。在這個啟動階段過了一陣子之後，庫特・佩德森校長決定是時候把團隊重新找回來，一起塑造出第一年的年度改變計畫，以利後續差異化教學做法和策略的實驗、學習與實施。

這個年度改變計畫詳述第一年預期在教師、領導者和學校組織等方面的調整與改變。佩德森校長運用這個第一年改變計畫來制定他下半年的領導與管理計畫，包含：

- 每週跟教師進行一對一的非正式對話，討論他們個人在改變計畫成長與發展目標上的進展（做好行事曆的安排，讓他在每個月結束時，能大致了解大多數教師處在改變旅程中的哪些位置）。

- 每月跟家長和社區人士溝通，強調的不只是差異化教學的願景，還有第一年改變計畫的進展。

- 關注學校內的信任氛圍和協同合作的文化，設法支持各種想法的分享，包括替教師們「配對」，讓正在進行相同想法和改變的教師相互合作分享。
- 運用軼事記錄型的評鑑資料，比如觀察和對話札記，來追蹤成長狀況。
- 每月跟領導團隊開會，思考學校有哪些需要持續調整的需求，如何改變組織結構，以幫助教師們擁有足夠的時間、資源或協同合作的機會。

⊱⊰⊱⊰⊱⊰

差異化教學的願景可以是號召眾人改變的「戰鬥召集令」。如果處理得當，它可以激勵教師和職員，也可以讓他們團結起來。請花一分鐘回顧一下這一章的主要概念：

- 操作型願景的重要性，可作為聚焦差異化教學目標的一種方式。
- 明確訂立操作型願景的價值，可以推動變革工作，當作溝通連結的管道，並且建立起評鑑成效的架構。
- 擬定差異化教學操作型願景的流程。
- 為多年期的變革工作創造每年年度改變計畫的價值，朝操作型願景邁進。
- 以操作型願景為目標來擬定年度改變計畫的流程。
- 經常規律性的運用操作型願景和年度改變計畫，來管理和領導學校的差異化教學變革工作可能帶來的潛在功效。

我們希望你對於願景以及願景能推動學校朝差異化教學邁進的力量，

已經具有較為清楚的基本概念。當操作型願景和年度改變計畫被發展出來，並運用在每週的對話討論和經營管理策略時，這兩者會發揮無法估量的作用力，引導我們盡可能為最重要的利害關係人——也就是我們所服務的學生——塑造出最優質的教學。

🌿 培養領導能力 🌿

　　在發展實施差異化教學的工作規劃時，想一想底下的概念，想一想你現在的位置在哪裡。在思考這些陳述句的內容時，一邊規劃出實踐差異化教學的計畫藍圖，並把這些基本想法融入計畫裡。在你自己的心態上，有哪些需要改變？你要如何邀請其他人加入，並運用他們的專業來發展出變革工作的願景？

❑ 我們已經發展出學校的差異化教學操作型願景。

❑ 我了解並利用這個操作型願景來達成多重目的 —— 激發對話討論、追蹤管理進度，以及評鑑結果成效。

❑ 我們的操作型願景跟「年度改變計畫」緊密連結，以易於管理的方式來推動變革工作的進展。

❑ 我們聚焦在短期的「勝利」，以維持大家的士氣和動機，持續達成願景。

第 **4** 章

耕耘深度的成人學習

　　如同我們前面已經看到的，初始的差異化教學願景定義出每個人最終希望達成什麼目標，操作型願景以文字描繪出一幅優質差異化教學的圖畫，而年度改變計畫則是創造出一個機制，以求逐年達成操作型願景。這些對學校領導者而言都是有力的工具。不過，同等重要的是，學校裡的人要*如何*獲得必要的關鍵知識和技能，才能真正實現操作型願景所描述的教學改變。很明顯的答案就是教師專業發展——不過，專業發展作為改進學校的途徑，卻有一個形象不好的問題，而且它會有這樣不好的名聲通常也是應得的。就像 Michael 所說的：「許多專業發展在一個方案剛開始時，經常看起來是方向錯誤、焦點渙散、膨脹誇大的，而且其研發設計或組織安排的方式，也沒有辦法維持必需的活力和技能，難以讓整個變革方案變成常態、制度化。」（Murphy, 2014, p. 93）

▌如何讓專業發展變成差異化教學的關鍵改變元素？

　　挑戰在於如何設計和實施真正有效的專業發展。我們絕對相信這是有可能做到的，但是答案並不在於一個公式或一連串的步驟，相對的，我們建議你要考慮三個指導想法。

想法 1：有效的專業發展會隨時間而調整改變

在第二章，我們討論到一個變革方案的生命期，也說明了當成人越深入改變工作，而且被迫開始在教室裡嘗試新改變時，他們會有多元的反應方式。這些個人化的反應通常都摻雜著情緒，而且每個人對於做此工作需要知識技能的高低程度，也都有不同的覺知。在描述說明啟動、實施和制度化階段時，我們也指出人的動機在這些階段會有變化，在每個階段，如果想要成人持續朝向專業能力精進成長，他們就「需要」不同的動機組合。思考如何在差異化教學生命期的每個階段裡進行有效的專業發展時，有兩個「真理」對我們來說很重要：

- 把專業發展過度密集、超載的安排在一開始的差異化教學啟動階段，通常是個錯誤。在整個變革方案的生命期裡提供各種專業發展機會，才是更適合成人學習者需要的安排。
- 學校所提供的專業發展本身也必須**差異化**。實施差異化教學的教師，在改變過程中會產生不同的情緒和需求，差異化的專業發展是唯一能夠有效支持教師的方式。

我們主張，把專業發展想成是差異化教學方案整個生命期當中必須持續關注和審慎思考的重點。簡單來說，這種策略性的成人學習應該在重要的時間點以正式的形式發生，也應該在每一年的每一個星期以非正式的形式發生。這種成人學習的設計會隨時間而改變，也會隨著計畫的進展和個別教師的需要而改變。以下簡要舉例說明我們建議的複合方式。

鮑爾鎮初中以強力學習跳進差異化教學

雷尼‧維利嘉斯校長謹慎小心的領導學校教師們開始探討差異化教

學。在調查過整體教職員的意見以後，他得到結論：很多老師都有興趣在他們開始於教室實施差異化教學策略之前，獲得更多差異化教學的基本知識。在新學年開始之前的教師備課日，他提供教職員研習訓練，焦點放在概論、基本的差異化教學知識。在學校開學以後，他提供額外的團隊聚會時間，讓教師們一起討論他們在那次研習訓練中學習到什麼，以及是否已經在嘗試任何低準備門檻的教學策略。在學年的前兩個月，他鼓勵差異化教學的實驗和個別教師的探索。

在第二個月結束之際，維利嘉斯校長運用兩次連續的教職員會議來分享教師們正在做的嘗試，也介紹簡單的分組策略，建議教師們可以試看看。同樣的，為了鼓勵教師們實施這些策略，在接下來的兩個月，他提供了額外的教職員聚會時間，鼓勵教師們在這些會議中分享他們的成功經驗和困難之處。在這些會議當中，教師們也有機會選擇他們想要探討的主題，而且他們是在學校的多媒體中心以小組討論的方式進行。所有這些非正式的討論都是由教師主導的。在這段期間，維利嘉斯校長、專家教師和其他的學校領導者也會在教室裡、團隊會議和穿堂走廊的對話中，跟教師們談論差異化教學。

在鮑爾鎮初中啟動和實施差異化教學的第一個學期，專業發展發生了幾次？似乎很難計算出一個具體的數字。散布在維利嘉斯校長的教學策略研習訓練和教職員會議當中，有許許多多的非正式機會、團隊會議和穿堂走廊的差異化教學討論，展現出一種無縫接軌、融入工作中的成人學習型態，這是必須發生在差異化教學變革方案的啟動、實施和制度化階段的成人學習。維利嘉斯校長並沒有犯常見的錯誤：在啟動階段的一開始就用各種研習訓練淹沒了學校裡的教師，而當教師們真正開始實施差異化教學的決定時卻只提供稀少的支持。相反的，他在差異化啟動階段提供一些訓練

機會，以奠定大家對差異化教學實務做法的概略理解，當他感覺或觀察到教師們能夠很自在的嘗試一些策略時，他就創造了讓教師們一起工作、分享成功的經驗和探討疑難雜症的時間。

　　雖然這種非正式、處處存在、教師對教師的專業發展型態，對許多學校和學區領導者來說可能都很陌生，但是對我們這些關心差異化教學做法的實施並真正改變學生課堂學習經驗的人而言，這可能是要大力提倡、最重要的成人學習型態。在本章後面，針對差異化教學方案的每個階段，我們還會繼續發展更多有關教師專業發展的正確「設計」。

想法 2：有效的專業發展要融入工作中，而且是相互依賴的

　　最有效的成人學習是自然發生在教師們每天的工作當中，而且指引教師專業發展的目標是結果成效、確實實施和專業人員之間的協同合作。這一種「融入工作中」的專業發展聚焦在工作場域，所有的教師都有機會接觸，也跟教學實務做法直接連結。圖 4.1 說明了「融入工作中」的專業發展背後的想法。

圖 4.1 ▪「融入工作中」的專業發展的四項好處

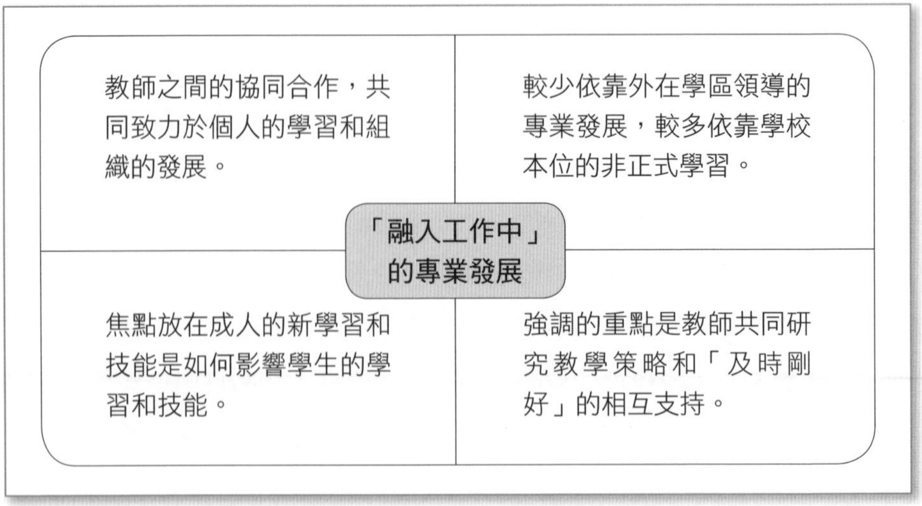

教師之間的協同合作，共同致力於個人的學習和組織的發展。	較少依靠外在學區領導的專業發展，較多依靠學校本位的非正式學習。
「融入工作中」的專業發展	
焦點放在成人的新學習和技能是如何影響學生的學習和技能。	強調的重點是教師共同研究教學策略和「及時剛好」的相互支持。

融入工作中的專業發展並不是零碎散布或隨意進行的，它是經過審慎思考並且強調聚焦重點的，不過對學校領導者而言卻可能是不甚熟悉的方式。相對於告訴教師他們應該做些什麼，有效的領導者會把焦點放在支持教師的策略性行動，好讓他們持續建構知識，發展新的洞見、技能與理解。這就是所謂的培育教師（growing teachers）——我們非常重視這個概念，所以把它放進這本書的書名裡面。「培育教師」涉及：找出各種機會讓他們一起工作、相互學習，同時也要求彼此負起責任，一定要具體實踐他們正在學習的東西。透過彼此協同合作、攜手努力走向回應學生需求、全面差異化的課堂教學的終極願景，這些成人學習者逐漸建立起一種根植於尊重與相互依賴的團體感。這是光靠「研習訓練」無法保證一定能產生的結果。事實上，各自獨立式的「研習訓練」即使有很優越的專業發展設計，但卻是最不可能達成願景的方法，因為它距離實際的工作場域是最遙遠的。

　　這種充滿力量、協同合作、融入工作中的專業研究與發展的核心，是「彼此相互依賴」的想法（Little, 2008）。如果專業發展要能有效支持大家持續差異化教學的努力，它必然要認真仔細的設計來促成教職員之間彼此相互依賴。在清楚的目標指引、協同合作的結構安排，以及實作型的彼此支持之下，所有教職員都會增進對差異化教學的理解以及在課室裡實施差異化教學時解決問題的能力。然而，相互依賴並不容易，就像 Little（2008）提醒我們的：「一個團體之所以有能力同時影響個人實務和群體實務，與大家是否擁有同樣的目標密切相關。若非對於志向遠大的實務目標有某種基本的投入度，那麼這個團體要對實務產生影響力的可能性是微乎其微的。」（p. 54）

　　這個警告把我們帶回到兩個關鍵的概念：(1) 維持人們的動機，讓他們持續朝差異化教學努力，是有多麼重要；以及 (2) 願景、操作型願景和改變計畫在定義出志向遠大的實務目標上是非常有力量的，能夠凝聚團隊

不斷進行有意義的學習和協同合作的工作。

　　研發設計教師專業發展的人所面對的困難挑戰非常多，而且還挺讓人生畏的。因此，我們的第三個指導想法，重點放在如何創造出能促進教師深入學習的專業發展的基本元素。

想法 3：有效的專業發展會反映出激勵成人學習的標準

　　「前進學習」（Learning Forward）是致力於優質專業發展的跨國組織，它建議專業發展的設計者應該以七項有效成人學習的標準作為他們計畫的基礎（Learning Forward, 2011）。在表 4.1，我們詮釋了這七項標準與學校差異化教學的啟動階段、實施階段和制度化階段之間的關係。

表 4.1 ▪ 「前進學習」成人學習標準應用於差異化教學的專業成長

成人學習標準	核心元素	我們的詮釋
1. 最有效的專業發展發生在所有成員都承諾投入於持續改進、集體責任和共同目標的**學習社群**裡。	進展到實施階段時，融入工作中的專業學習必須是其中的一個元素，強調個別成人的學習、團體學習和目標一致的行動。	當教師朝差異化教學實務做法前進時，他們倚賴的不只是個人的計畫，同時還有整個團隊對行動與結果的績效責任感。
2. **領導階層**必須經常不斷的建立支持系統，以協助持續的成人學習和實驗。	領導者必須小心的規劃能支持實施階段的專業發展，也必須以身作則示範他們對優質成人學習的支持。	長期的差異化教學需要時間，如果領導者無法創造具有策略性的系統來支持成人學習和實踐想法的話，整個方案的實施將會分崩離析。
3. **相關資源**的優先排序、監控管理和協調安排是專業發展的關鍵。	時間、科技、行事曆和材料都是持續成人學習的重要元素。	很多差異化教學的專業發展都發生在方案一開始的時候；為了讓差異化教學隨時間進展而持續有效，就必須更小心的評估和配置相關資源。

表 **4.1** ▪「前進學習」成人學習標準應用於差異化教學的專業成長（續）

成人學習標準	核心元素	我們的詮釋
4. 若要計劃、評估和評鑑有效的成人學習計畫，訊息和持續的**資料**對領導者而言是很重要的。	對領導者而言，持續不斷的應用資料和訊息，是非常關鍵的，以決定教師需要哪種專業發展及為什麼。	領導者若要知道專業發展能夠如何協助教師實施差異化教學，他們就需要經常不斷的評估學校邁向差異化教學願景的進展狀況。
5. 有效的專業發展必須有不同的**學習設計**，這些設計整合我們從研究、成人改變和效能模式所得知的最佳做法。	有效運作的專業發展模式和設計有很多種類型，須視參與者的需要來決定。	差異化教學的專業發展，一開始可能要把焦點放在差異化教學的關鍵要素；然而，後續必須轉換成支持教師嘗試、實驗、集體計畫和協同合作的模式。
6. 必須持續不斷的支持成人**實際執行**他們所學到的實務做法。	學校的領導者必須了解改變會如何隨著時間而發生，以及實施階段會如何受到動機原則的驅動。	雖然差異化教學願景描述了差異化教學最精煉理想的狀態，領導者還是必須運用「改變計畫」，為教師描述和說明每一個實施階段的實務工作。
7. 有效的專業發展必須跟教師表現和課程標準要求的**結果**一致。	領導者必須充分了解專業發展跟官方要求的教師表現和豐富強力的學生課程之間的連結度及關聯性。	領導者必須清楚看到專業發展和差異化教學的目的之間的連結，也清楚知道差異化教學跟教師評鑑和學生表現是如何緊密結合的。而這些連結也必須讓教師清楚了解。

　　為了看看這七項標準如何能指引學校的領導者來思考、計劃和管理教師專業發展，使之足以啟動和維持全校性的差異化教學，我們要再度探訪鮑爾鎮初中的維利嘉斯校長。

維利嘉斯校長將成人學習標準融入專業成長計畫當中

　　當鮑爾鎮初中開始進入差異化教學方案的實施階段時，維利嘉斯校長知道他的教職員必須了解更多有關差異化教學的基礎概念，他有意識的決定將重點放在研習訓練上，認為那是宣導差異化教學基礎概念最有效的模式（**學習設計**）。不過，他也知道，在一開始的訓練之後，他必須把重點從正式的專業發展轉移成更融入工作中的模式，讓教師們可以聚會、分享他們對差異化教學的想法，並且在開始具體實踐更多差異化教學做法時，能夠支持與幫助彼此（**學習社群**）。

　　為了達成這個目標，他在行事曆上安排了定期的聚會，給教師們離開教室的時間，讓他們可以聚會、分享和討論（**學習設計、領導階層**）。當這些非正式會議在學年的前兩個月持續進行時，維利嘉斯校長透過非正式的對話和對全體教職員的調查，讓自己能夠全盤掌握教師們的實質需要。為達此目的，他策略性的購買了書籍、影音資料和其他的教學資源，來支持教師們繼續努力創造和實施差異化教學的課堂設計（**相關資源**）。

　　維利嘉斯校長鼓勵教師們在這些非正式、教師主導的聚會中，分享自己實際進行差異化教學的結果。隨著學期慢慢的過去，教師們有越來越多的成果可以分享，他就提供一個快速、非正式的記錄表給他們使用，讓他們可以藉這個表來檢視和詮釋學生的作品案例（**實際執行、資料**）。

　　到學期中段，在某個教職員會議中，維利嘉斯校長邀請教師們來分享他們對截至目前為止的教學作為的反省和思考。運用「出場卡」和接下來的焦點團體座談，他和他的領導團隊蒐集到非正式但很有力的資料，來判斷差異化教學方案初始實施階段的成效。他們在「期中領導會議」運用這些資料，詳細規劃出需要增加的更多協助、資源和學習設計，以支持教師們在教室裡持續專注投入和實施差異化教學（**結果**）。

這個案例說明了一個學校領導者的思維和行動是如何受到他對專業學習七項指導標準的知識所影響和推動。我們建議，如果這些標準能夠成為每個人在領導差異化教學改變時，積極主動運用的專業技能之一部分，那麼差異化教學的專業發展就會變得更有效用也更有效率。

　　如果學校的領導者設計了持續的專業發展機制，不只強調「前進學習」的七項標準，同時也應用我們在第二章討論到的人類動機的元素──自主、目的和專精，那麼面臨差異化教學挑戰壓力的教師們，就比較有可能會堅持努力下去。在處理差異化教學的挑戰時，有智慧的領導者會將建立教師的選擇（**自主**）、關聯性（**目的**）和實務做法（**專精**）的長期計畫，融合到他們的專業發展設計裡。我們的感覺是，當領導者能以激發動機的原則為基礎，來強化他們的專業發展計畫時，教師們會受到激勵，透過更有效的專業發展機制，去發展思維「成長」的部分。全心全意力求成長，並透過有力的專業發展機制得到堅強的支持，教師們就會真心承諾要實現差異化教學的可能性，並且透過他們的研究、努力和協同合作，展現出他們有能力成就更多、再更多，讓教室裡的學生更加受益。

想法 4：透過長期策略性的支持與發展，成人能夠專精新的實務做法

　　此外，還有一個「成長成就」（growth accomplishment）的概念，可以直接應用到專業發展上。促進每個人的學習和成就，以及關注每個人的成長路徑，這些想法開始與維高斯基（Lev Vygotsky, 1980, 1986）最早提出的「近側發展區間」相結合。維高斯基對這個區間的描述是，存在於學習者實際的知識技能層次和潛在可能達到的發展層次之間的距離，潛在可能達到的發展層次是藉由受到大人的指導，或跟能力相等或更有能力的同儕互動等等的支持，學習者可以成功達到的層次。雖然，維高斯基的著作是應用在孩童和傳統教室教育情境，也是學生準備度的差異化基礎，但他

的想法對於思考成人專業發展也是很有用的。近側發展區間的概念，說明了我們任何一個人學習做事的方式都是一小步、一小步前進，從我們現在所處的位置開始。複雜的技能是不可能在一個下午就完全專精的，這也就是為什麼成人學習者不會在一個下午的研習訓練之後，就突然學會實施差異化教學所需的一整個知識和技能體系（Shapiro, 2011）。

維高斯基的著作描述了存在於「個人知識技能目前的狀態」和「能夠導致這些知識技能更深入發展也更有成就的支持類型」之間的關係。在本質上，專業發展的存在，是為了幫助人們從他們目前的狀態前進到更深入的知識和技能，再前進到能夠獨立和精熟應用那項知識和那些技能。在教學領域裡，從目前的狀態前進並一直「學」到能獨立精熟應用實務知能的這個概念，已經成為廣為人知的「漸進釋放責任」模式（Pearson & Gallagher, 1983）。

「漸進釋放責任」背後的概念，源自於維高斯基的理論架構，後來由 Pearson 和 Gallagher（1983）發展出來。它是一種最理想的學習模式，專精的責任隨著時間逐漸的轉移。在課堂教學的情境，是從教師逐漸轉移到學生，教師一開始示範和說明的知識、技能和理解，隨著時間發展，學生一步一步的前進，最終目標是學生獨立自主的表現自己已經能夠專精和應用這些知識、技能和理解。圖 4.2 呈現的是應用在成人學習者的漸進釋放責任整體架構（修改自 Murphy, 2010）。

雖然我們知道這個模式最初發展是要說明學生如何達到專精熟練度，但它也關乎我們如何協助成人隨時間發展而達到專精熟練度。我們仔細來思考這個模式該如何應用在形成專業發展的規劃概念上，看看這個模式的每一個階段如何進行，並找出計畫不周的專業學習設計經常出現的易犯錯誤，以幫助全體教職員朝向差異化教學的目標前進。

圖 4.2 ▪ 應用在成人學習者的漸進釋放責任模式

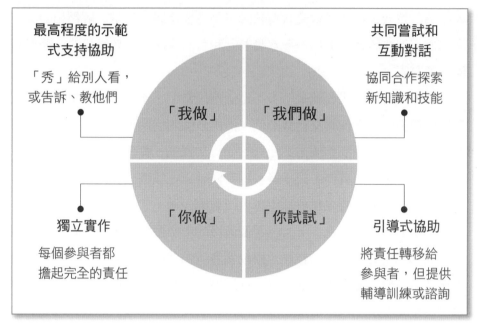

最高程度的示範
式支持協助

「秀」給別人看，
或告訴、教他們

「我做」

共同嘗試和
互動對話

協同合作探索
新知識和技能

「我們做」

獨立實作

每個參與者都
擔起完全的責任

「你做」

「你試試」

引導式協助

將責任轉移給
參與者，但提供
輔導訓練或諮詢

漸進釋放責任之模式架構

　　示範式支持協助（「我做」）：第一個階段的特徵是對教職員最高程度的支持和最低量的控制。在這個學習階段裡，學校領導者要啟動、示範、解釋、放聲思考，並開始發展大家對於這個方案主要構成元素的了解。通常，一個方案的「示範式支持協助」，跟此方案的宣導講習差不了多少，教師被期望要聆聽、學習有關此方案的種種資訊，可能還會參與一些對話，或很有限的實作一部分的學習。學校領導者或訓練講師承擔方案的大部分責任，並要求教師們承擔少少的責任，只要大致了解未來將進行的工作內容，並形成積極正向的態度就好。

　　共同嘗試和互動對話（「我們做」）：這個模式的第二個階段特色是給教師們適中的支持，教師被要求開始控制自己的學習進展。不過，學校

領導者（也許是校長，也可能是某位長期協助專業發展者或教學專家，比如閱讀、特教、英語或資優教育教師）仍然要示範、建議、解釋和回應。教師們一邊在聆聽，但也一邊互動對話和實驗嘗試一些教學想法，雖然範圍仍然有限。

引導式協助（「你試試」）：這個階段當中，領導者、專業發展者或專家要把更多的責任轉交給教師們。提供教師的協助程度降低了，每位教師現在要適度的控制整個方案元素的執行和實施。實際上，對教師而言，這個階段很像獨立實作，只不過領導者同時還在觀察、鼓勵、澄清和評估進展，如果有需要時，也會插手再重新教導一遍。

獨立實作（「你做」）：在這個最後的第四個階段，每位教師都要獨立承擔起運用方案元素的責任。學校領導者仍然會提供支持協助，但不會直接涉入教學，相對的，他（她）會觀察、鼓勵、肯定教師的教學作為，也會決定需要追加哪些資源來協助每位教師增能，讓他們能夠以很高的自主性來繼續執行方案。

能夠注意到近側發展區間和漸進釋放責任的應用，是很明智的。在設計有效且適當的差異化教學專業發展時，從第一階段（「我做」或「讓我示範給你看」）走到最後一個階段（「你做」）的教師培育，需要謹慎分析在這一章中所討論到的各種因素。如果我們太早就期望教師展現過多的獨立性，我們就可能破壞這個學習歷程，未能好好支持教師們所需要的實驗和專精的過程，在適當時機來到之前就期望教師能有效又獨立的實施差異化教學。極為常見的是，在差異化教學專業發展的初期，領導者就預期教師能夠立刻走到在教室裡實施差異化教學的境界，而用此種方式設計專業發展的領導者，注定讓差異化教學變成表面淺薄的嘗試、短期的挫敗，最後終將失敗。

🔨 挖｜掘｜深｜思

> 　　想想你學校裡的一個有專業發展支持的大型方案，這個專業發展
> 計畫的組成元素是否引導參與者逐步走過漸進釋放責任模式的四個階
> 段？還是它似乎太快從「我做」階段跳到「你做」階段？這個專業發
> 展計畫的結果如何？試著運用漸進釋放責任模式來解釋它為何成功，
> 或說明它何以失敗。

　　有效的差異化教學成人專業學習，會善用近側發展區間的概念，從參
與的成人**目前能夠**做到的位置開始。然後，透過精心周到的專業發展設
計、以標準為依歸的系統化支持與領導，這些成人在同事的協助下，找出
他們潛在可能的發展領域，可以學到新知識和實施精進的差異化教學做
法。運用這種方式，來支持和維持改變。領導者若了解人如何學習，就
必須創造差異化的專業發展設計，能夠幫助每個成人從「我做」階段走到
「你做」階段，好讓每位教師能夠持續邁出他（她）自己成長的下一步。
跟在教室裡帶領學生學習一樣，所有教職員在同一時間一起準備好走進同
一階段的情形，是很少見的。

▍支持差異化教學前進的有效專業發展設計是什麼？

　　當學校領導者在思考著：(1) 在朝差異化教學前進的旅程中，學校現
在走到哪裡了；(2) 強力有效的專業發展的基礎原則；(3) 如何領導專業發
展的七項指導標準；以及 (4) 教師們目前的發展位置跟他們的教學願景之
間的「距離」，一個實際的問題浮現了：「什麼樣的專業發展設計是最有
效、最能支持教師成長的？」

　　這個問題的答案並不像演算法那樣有具體明確的操作步驟。很多因素影響著專業發展設計，包含（但不限於這些因素）：成人學習的目標、成人學習者之間的信任與合作程度、他們對差異化教學關鍵要素的理念原則和實務做法的熟悉度、變革方案的急迫性和規模，以及相關的資源（Murphy, 2014）。

　　除此之外，領導者必須考慮專業發展設計本身的優點和限制，每一種設計都帶有它對於人如何學習和發展技能、信念與態度的偏見；每一種設計都跟它內在固有的目標連結在一起；每一種設計必然包含著要如何評估和衡量它對參與成人產生的影響和有效性；最後，每一種設計也多多少少關聯到學習進展、執行實施和學生學習成效。看看表 4.2 所列出的幾種有效專業發展設計類型，想想每種設計的基本元素和潛在的前提假設。

表 4.2 ▪ 有效專業發展設計類型範例

專業發展設計	設計類型的描述說明	選用前的考量因素
研習訓練 課程計畫 專題研討	高度結構化的專業發展，遠離教室情境，選用時機是確定大多數教職員都需要跟「專家」學習，以快速獲得相關知識或激發覺知。	• 改變的急迫性，以及快速獲得知識或激發覺知的必須性。 • 實務應用的需求（研習訓練未必會連結到真正實際的實務應用）。 • 研習訓練之後，有支持實務應用的計畫。
沉浸式活動	探究取向的設計，教師「沉浸」在他們往後會要求學生進行的活動裡。典型而言，沉浸式活動是在學校舉辦，教師們一起「動腦思考」學習素材、	• 教師合作和練習的時間。 • 教師對實際教學應用的投入度。 • 教師之間的信任。

表 **4.2** ▪ 有效專業發展設計類型範例（續）

專業發展設計	設計類型的描述說明	選用前的考量因素
	套裝課程和教科書，創造和體驗他們往後會要求學生做的同類型學習作業和活動。在獲得知識、覺知和提供反思時間上，沉浸式活動是有用的。	• 聚焦在沉浸式活動所需的支持和資源。
課程發展與實施	教師一起工作，或是發展新的課堂教學計畫，或優化／修改先前的教學做法。在學校情境中，課程發展有益於發展學科領域的新知識，以及提供實施新計畫的實際做法。	• 課程發展、討論和實施所需的時間。 • 實務應用的持續支持。 • 現場教師之間的信任度和過去溝通對話的歷史。 • 教師們「解決問題」的程度必須達到多少，以及他們的需求的實用性。
分析學生作品	檢視學生的作業作品案例，以了解學生對一個想法或概念的思考和學習策略。這些作品的研究分析會導致教師們進一步決定適當的教學策略、重新教學和教材的選擇。這種設計在支持教師反思、獲得新知識和新覺知上，特別有效。	• 教師們同意使用統一的作業，並選出其中的作品案例來檢討和分析。 • 教師之間的信任度和過去溝通對話的歷史，以及實驗新策略的投入度。 • 檢討和對話的時間。 • 此方案是否已全面實施。
案例分析	案例分析可包含個案研究、教學影片……等等，檢視時呈現「真實」的案例，在其中討論、思考教師的教學做法，從議題或成果面向來找到實務應用的方法。在教學反思和獲得知識上，案例分析是有效的。	• 案例的材料和資源。 • 深入檢討和對話的時間。 • 參與教師之間的信任度及過去溝通的歷史和技能。

表 4.2 ▪ 有效專業發展設計類型範例（續）

專業發展設計	設計類型的描述說明	選用前的考量因素
師徒輔導和教練指導	通常是一對一，跟資歷相當或較有經驗的教師，透過回饋、觀察和對話、問題解決或合作規劃，一起改善教與學。當目標包含教學實務、知識或反思時，這種設計特別有效。	• 人力資源。 • 整個組織上下相互信任的程度。 • 過去對話討論和解決問題的歷史。 • 同儕對同儕的協同合作和自在舒適度。
研究團體和讀書會	讓小團體成員參與定期、結構化和協同合作的互動討論小組決定的主題或共讀的書籍和資源。讀書會對於激發覺知和獲得知識特別有用。研究團體在學習討論後，容易對新實務做法的實施產生偏見，但如果專業發展的目標包含知識、覺知、實務做法和反思，它們也是有用的。	• 購買研讀和探討資料的經費資源。 • 研究和協同合作的時間。 • 教職員之間的信任度。 • 同儕跟同儕工作的歷史。
行動研究	訓練有素的行動研究包含：在學生學習的領域中找出問題、蒐集有關該問題的資料、研讀相關的資源、決定採取何種行動，然後研究行動的結果，作為未來行動或做決定的基礎。行動研究在知識、實務做法和反思上，特別有用。	• 同儕跟同儕工作的歷史。 • 關於分享彼此實務做法的信任度。 • 研究和協同合作的時間。 • 當方案全面實施時，跟方案的相關性。

當我們反思自己的專業學習的意圖目的時，這些專業發展設計類型變成我們的工具箱，這些設計如何實際運作的例子幫助我們看見專業發展的力量。舉例來說，研習訓練設計的目的是建立知識、理解和技能，它的特性也有助於提升整個團體對這些知識或技能有清楚了解的可能性，因為研習訓練可以在同一時間對一大群人一起實施。在漸進釋放責任的模式架構裡，研習訓練剛好位於「我做」的階段，因為它要求於訓練者的責任最多、參與者的責任最少。研習訓練通常都是運用在差異化教學剛開始階段的專業發展，因為這階段的目標通常是讓人們更接近一種共通的語言，並且對差異化教學基礎的原則和實務做法有某種程度的理解。因此，在某些情境條件下，研習訓練會是一種絕佳的設計，能夠將仔細建構、組織完備的知識和技能，好好宣導、傳播給參與者。

　　比較一下研習訓練和研究團體的特色和用途，研究團體是另一種在特定條件下的有效設計，它是小型、有焦點目標的專業人士團體，齊聚一堂來研究某個主題，以研究結果為基礎來執行改變，並且評估成效。研究團體需要一種「團隊」感，倚賴同事之間最強的協同合作元素才能使這種設計成功。同樣的，在漸進釋放責任的模式架構裡，研究團體位於「我們做」和「你試試」的階段之間，因為這種設計的協同合作精神，研究團體的核心必須有全員共享的焦點目標、共同的關聯性和參與者之間的信任，既然這種團體的本質要求每個人都要分享他們的教學做法和結果。研究團體可以運用在差異化教學專業發展的啟動階段，但可能更適合放在教師們剛開始嘗試實施教學策略的階段。當研究團體被運用在實施階段，而且運作得很有效時，它會變成一種例行性安排的組織結構，能夠支持教師們找出差異化教學實務做法裡的問題和解決之道，並且把結果帶回到研究團體裡來分析討論，也會額外再推動每個人更進一步投入差異化教學的實驗嘗試（同樣是「我們做」和「你試試」）。

　　專業發展所需要的思考規劃上的流動性和複雜性，顯示世上並沒有一

個完美的專業發展設計類型。相反的，這些不同的設計必須緊密結合，方能支持協助教師走過了解與實施差異化教學的學習生命期程。因為這種以整合連貫的方式來思考專業發展長期規劃的需求，明智的學校領導者在整體的專業發展計畫與實施歷程中，必須運用多元的設計，就像鮑爾鎮初中的維利嘉斯校長所示範的例子。因此，專業發展變成一種強力黏膠，把差異化教學的原則和實務做法緊密連結在一起，在幾年的全面實施過程中，一路跟著教師的專業學習需求和差異化教學的年度目標而改變。

反│思│評│估

到目前為止，我們對於專業發展的探討已經包含許多基本面向，包括：將專業發展視為整個差異化教學實施「生命期程」當中所必須提供的重要東西、有效專業發展的特質、基於成人的近側發展區間來運用相關標準，以及這些跟專業發展之間的關係為何，還有在特定情境條件下運作的專業發展設計。所有這些想法如何影響你對專業發展的思考？這些想法如何影響你規劃差異化教學專業發展的方式？你想運用哪些設計在你的差異化教學計畫裡？如果你必須總結歸納要如何改變領導方式來支持協助教師的差異化教學專業發展，你會對教師們說些什麼？你會對上級督導長官說什麼？你會對社區的領導者和家長們說什麼？

教師在學習和開始實施差異化教學的過程中，會有什麼憂慮？

專業發展的目的並不是為了讓成人獲得知識或技能本身，更重要的是

應用。我們真正關心的是實踐——實施強效的差異化教學做法，以及因此而造就的學生學習。為了這個原因，理所當然我們必須重新聚焦於教師們在創造因材施教的學校所扮演的角色，並且思考他們對於這個改革方案可能會有什麼憂慮，範圍從小心謹慎的看待設計、執行全新的課堂教學計畫所帶來的智識上和實際上的挑戰，到探索自己個人的近側發展區間所帶來的情緒上的挑戰。如果沒有好好處理這些憂慮的話，它們可能會影響、弱化專業發展的成效。說得直白一點，成人對改變的情緒反應，即使是那些我們看來很不合理的反應，都會干擾和阻撓最詳細規劃的變革方案。

成人對於學校改變的憂慮，在教育文獻中已經有頗為全面的探討。Hall 和 Hord（2001）提及「憂慮階段」（Stages of Concern）的概念，「給了我們一種方式來思考人類對改變的感受和認知」（p. 57）。作者們用四種寬廣的分類來描述這些改變：

- **不相干的憂慮**（unrelated concerns）：相較於對實施差異化教學的憂慮，這種憂慮似乎更具影響力。它們可能比較關注教師特殊的情境條件，而且比起其他有關學習差異化教學或在學校實施差異化教學的憂慮，它們似乎更普遍、更重要。我們發現，雖然不相干的憂慮可能跟實施差異化教學並沒有直接相關，但它們有時候會轉移教師對手上工作的注意力，並且造成教師對改變的抗拒。

- **自我的憂慮**（self concerns）：最常出現在*初次*學習或實施差異化教學的人身上。自我的憂慮全都是關於「我」，以及「我」是不是能成功。這些憂慮也會傾向於放大教師對於自己被要求做什麼的公平性的反應。我們的經驗是，自我憂慮的啟動機制通常是對教師個人時間和精力的要求，而且，這些要求通常會因為教師個人覺得其他人相對並沒有受到這麼多的要求和壓力而被誇大化。換言之，教師會表現出自我的憂慮，是因為他們相信學校對他們的要求比對其

他人更嚴苛。

- **任務的憂慮**（task concerns）：出現在實際實施的工作和壓力對所有人都變得清楚的時候。任務的憂慮通常都是關於差異化教學的工作，在這個時機點，教師們關注的焦點是如何把這項工作做好。當人們感覺到強烈的任務憂慮時，他們會想要更多時間管理、學生管理、情境布置、行事曆管理……等等的策略。我們認為，學校裡出現強烈的任務憂慮，是好消息和壞消息的綜合體，好消息是教師們正在實施差異化教學，壞消息是他們在好好處理這項工作上遇上了一些麻煩。

- **效果的憂慮**（impact concerns）：關注焦點比較是放在學生發生了什麼事，以及教學要如何改變才能發揮更好的效果、觸及更多的學生。此時，教師擔憂的不再是「我們」和任務工作，焦點已經轉移到學生的表現因他們實施差異化教學做法而產生多少改變。

一個變革方案從啟動階段進行到全面實施的階段，各種不同的憂慮可能同時全部出現，這並不讓人感到驚訝。不過，通常在某一段時間，大多數的教師都會展現某一種明顯主要的憂慮類別（Hall & Hord, 2001）。

表 4.3 提供了 Hall 和 Hord「憂慮七階段」的詳細描述，請注意這些描述包含了各種憂慮的類別，以及對於負責落實差異化教學的領導者而言，每個階段表達憂慮的話語聽起來會是什麼樣子。

評估教師對差異化教學的憂慮，對於有效專業發展的規劃和管理是極其重要的。對這些憂慮的關注，會促使我們跟教師和小團體進行非正式的對話，來決定他們有哪些種類的憂慮。在這個珍貴訊息的幫助下，我們可以決定教師們目前身處的改變情境，以及當他們嘗試把焦點和精力維持放在差異化教學時，所面對的潛在危險和阻礙。更重要的是，我們可以採取行動，針對教師們所面對的特定議題來提供專業發展活動，降低他們憂慮

的強烈程度，並鼓勵他們超越任務憂慮的問題，開始注意他們的努力對學生學習成果的影響與效果。

　　我們在第六章將會重新回到憂慮階段的討論，以這七個階段來評估教師對進行中的差異化教學的反應，並且運用這些反應來評鑑方案的進展。但目前，我們先一起來想想以下這位領導者的例子，看看她如何應用她對於教師憂慮的理解，來調整專業發展計畫。

班耐特校長應用憂慮階段來創造更有效的專業成長

　　在發展差異化教學做法的初期，伊芙・班耐特校長為她的高中教職員們畫出了一個訓練計畫的藍圖，她的目標是要讓所有教師都具有差異化教學的基礎理解。訓練的第一步是舉辦三天的暑假研習，教師們探討一些差異化教學的重要原則，並觀看教學影片，了解這些原則化為實際教學的情形。接著，透過研究團體的方式，教師們被要求繼續自己個人對差異化教學的研究，持續一整個秋季學期。在暑假研習結束之際，班耐特校長請教師們回應這些問題，當作「出場卡」：**想一想我所學到關於差異化教學的種種，以及這個秋季我們要如何開始實施差異化教學做法，我仍然有哪些憂慮？我最急迫的憂慮是什麼？**

　　她鼓勵教師們在索引卡上盡可能寫出他們想要的事物，而且不必署名就可以交出。在收集了這些卡片之後，班耐特校長解讀每個人最急迫的憂慮，並予以分類，然後做出結論：大多數的憂慮（大約三分之二）都是資訊性的，其他大約 20% 是個人的憂慮，有幾位老師已經開始關注任務項目和如何做到。換言之，大部分的憂慮都屬於「自我」的憂慮。

　　這項資訊讓班耐特校長深入洞察教師們對這項方案的情意反應。知道大多數教師所關注的，若不是想要了解更多關於工作要求的資訊，就是懷疑「他們是否能做到差異化教學」。那個秋季，班耐特校長把初期教職員

表 4.3 ■ 憂慮階段應用於長期變革方案

類別	階段	階段名稱	描述說明	聽起來像……
效果	6	重新聚焦	教師們了解這個變革方案更廣大的益處，也有興趣考慮廣泛全面的修改或調整，讓這個方案運作得更好。	「差異化教學運作得很好，我覺得我有一些想法可以讓它變得更好，對我們的孩子更有幫助。」
	5	協同合作	教師對別人如何改變感興趣，也想跟別人一起工作、分享想法、跟別人合作，希望對學生造成更大的影響。	「我們團隊可以跟個別的團隊一起研究這個嗎？我們對於如何實施差異化教學改變是有些想法，但也想要知道別人的做法和觀點。」
	4	後果影響	在這個階段，教師的憂慮已經從管理轉移到學生——他們現在會看這個方案如何影響學生、哪些學生有受到教學改變的影響，以及什麼樣的調整修改是必須的。	「現在我可以看得出來學生的學習效果了，我相信他們對數學有更好的理解。我正在設法看看我可以怎樣稍微調整這個方案，讓學生的學習更加受益。」
任務	3	管理	在這個階段，教師比較受到「實際做」這個方案的憂慮所影響，包含執行這個方案初期的種種流程和任務。憂慮的是關於時間、效率、管理和教學進度的安排。	「我似乎沒辦法在數學課的時間裡完成所有的任務。撰寫課堂教學設計和形成小組，要花好長的時間哪！」

		描述	引述
自我	2 個人	教師的憂慮主要聚焦在這個改變方案對個人的工作要求，以及個人覺得自己是否足以勝任這種改變。憂慮的是具體可見的獎賞制度、衝突和關於改變的決定。	「看著所有這些對我的要求，我忍不住想：我要從哪裡開始？差異化教學看起來好複雜！我能做到嗎？它值得嗎？是誰決定我們一定要做這個的？」
	1 資訊性	教師想要更多有關這項變革的訊息，憂慮的是他們對這項變革方案的組成成分和細節知道得不夠多，他們想要學習更多，也想了解這方案對他們會有什麼要求。	「我不確定我了解它。在我能夠投入去做之前，我想學習更多。明確說來，什麼是差異化教學？」
覺知	0 覺知	教師覺得跟這個方案沒什麼關係，或沒什麼欲望想學習更多有關它的訊息。	「這個方案也一樣會過去的，這不過是學區的另一個偉大主意，很快會失敗的。」

會議的重點放在問與答、範例、澄清差異化教學的操作型願景，以及支持協助教師們朝實施差異化教學跨出小小的步伐，以建立個人的自信心。

班耐特校長對於憂慮階段的知識和應用，並沒有在一次性的分析之後就結束。在後續的幾個星期裡，她把這些階段整合應用，以「單腳站立訪談法」（詳見第六章第 141 頁的說明）持續跟個別教師進行非正式對話。在這些簡短但扼要的對話中，班耐特校長發現教師們面對的憂慮，果然不出所料的已經改變了。到了秋季中期，大多數教師最急迫的憂慮變成是「實際執行差異化教學」或任務憂慮。她很高興自己已經預作規劃，以研究團體來支持協助教師，而且她也開始設法讓這些研究團體的焦點延伸拓展到差異化教學任務、差異化課堂的領導、建立和管理彈性的班級常規、分配學生到各種彈性分組、分析解讀形成性評量資料⋯⋯等等。

班耐特校長的思考提供了一個實際的好例子，說明差異化教學的專業發展本身必須是差異化的。我們快速分析了一下她的引導，找出她在領導學校的專業發展時所考量的多元因素。在她啟動和支持教師朝向有效的差異化教學而改變的過程中，這些專業發展的實務做法非常明顯易見。在這個案例中，班耐特校長：

- 了解和運用她對於差異化教學實施的「生命期程」的知識。她知道在啟動階段，教師會產生一些意料之中的憂慮，她也運用「前進學習」跨國組織的標準來指引差異化教學的計畫，以及專業發展的設計和支持協助，這些都是開始改革方案所需要的資源。
- 知道她的教師們必須理解這些改變的目的。她也能夠自在愉快的鼓勵教師們自主決定他們要開始運用的實務做法。
- 了解教師們開始運用差異化教學時，他們的憂慮也會隨之改變。為了協助解決這種狀況，她創造了研究團體，以非正式、融入工作中

的專業發展方式，聚焦在如何「實際做」這項工作。

- 運用多元的專業發展設計，從夏末的啟動階段一路到秋季的差異化教學實施，因應需求而運用不同的設計。
- 經常運用憂慮階段來衡估教師的憂慮，跟她的領導團隊分享這項證據，並且調整她的計畫。

如同我們在本章一開始所說的，沒有單一的處方可以產生有力的專業發展，以支持像差異化教學這樣的方案。深度、重要、成功的差異化教學實務做法需要時間、精力、聚焦重點，以及理解掌握本章提及的概念。就像所有偉大的實踐案例故事一樣，各式各樣的因素以及個別學校和學區的情境都會大大影響專業發展的性質，也因而造成教師教學改變和學生學習成效的不同。

培養領導能力

在發展實施差異化教學的工作規劃時，想一想底下的概念，想一想你現在的位置在哪裡。尤其是要反思你看到的專業發展實務做法，如何在全校推動有效差異化教學的過程中，成為關鍵的推動力量。當你在做這件事時，考量以下列出的元素：你必須學習什麼，才能為你的教師們創造和維持有力的成人學習機會？你要如何設計學習機會，能讓我們持續建構、擴展對於改變的知識和了解，並且讓教師們聚焦在差異化教學的核心原則和實務做法？

❏ 我們有一系列清楚的信念，在推動著專業學習的設計和全校差異化教學的工作規劃。

❏ 學校辦理的專業發展活動，重點聚焦在結果上，也能融入工作中，而且具體展現了優質成人學習的高度標準。

❏ 強調重點放在實施有效的差異化教學，而不只是學習有關的知識。

❏ 專業發展設計經過仔細的規劃，從教師一開始學習差異化教學的知識，到實施和修正調整差異化教學的實務做法，都能提供支持和協助。

❏ 經常性的評估和分析、解讀教師們對於全新差異化教學實務做法的憂慮。

第 **5** 章
進行有效益的對話，
促進教師成長

目前為止，我們已經探討了許多成功領導全校實施差異化教學方案的關鍵元素，包含：

- 建立發展關係和聚焦強調結果的力量。
- 在差異化教學全面制度化的過程中，它可能會有什麼演進發展。
- 哪些因素影響教師的動機，使他們能夠持續進行與深化實施差異化教學。
- 如何創造操作型願景和年度改變計畫，以管理朝向願景發展的實務工作。
- 支持差異化教學的專業發展類型。
- 支持差異化教學的各種有效的專業發展設計。
- 隨時間進展，如何理解教師的憂慮，並適當的因應處理。

當你運用這些元素於領導工作時，很重要的是要讓每個人繼續往前進，同時也確保每個人都意識到「自己現在在工作進程中的哪個位置」。想要推動工作進展和激勵個人動機，我們身為領導者所擁有的最簡單而且可能也最寶貴的工具，就是規律、持續的跟每位教師和教職員對話。當這些對話的規劃和執行方式能夠既建立關係、又將主要焦點保持在實務做法和教學結果時，我們就是透過「談一談」差異化教學的方式，來發揮三種

改進學校的關鍵做法與功能：

- **領導**差異化教學，透過談一談差異化教學的目的，以及教師個人是如何越來越接近差異化教學的**願景**。
- **了解**目前差異化教學的狀態，透過一些專門設計的問題，讓教師建立對於目前差異化教學狀態的**理解**。
- **評估**進展，深入探討教師對這種全面性變革的情緒**反應**，以及課堂教學實務改變的品質。

　　很常見的是，領導者並沒有機會學習如何以這種策略性的方式來計畫和執行對話──以達成領導、學習了解、評估進展的目的。關於教學變革方案（像差異化教學方案）的對話，應該放在我們心中最前面也最核心的位置，但我們經常貶低這種「有目的性的談論工作進展的對話」之重要性，認為那是我們有時間才來做的事。或者，我們未能充分了解和運用對話的力量，反而將它視為外界要求總結性評鑑時才要檢核、打勾的項目。難怪，對教師來說，目前的評鑑系統連結到關於教學的對話和表現評等的方式，感覺上就像某種心智和情感的埋伏突襲。到最後，這種感覺貶低了他們對於教學對話的觀感與價值，但其實這種對話可以是有意義又激勵人心的。

　　我們需要的是非常不一樣的對話：領導者和教師之間應該規律性的進行有關差異化教學的正式與非正式對話。這些對話發生的頻率必須很頻繁，頻繁到讓各方人員都熟悉習慣，視對話為教學實務當中很自然的一部分，而且，為了領導、學習了解和評估差異化教學的種種作為是如何在改善學生的學習成果，對話是絕對必要的。本章將討論如何規劃和領導各種情境場合的對話，以建立和強化領導者與教師之間的關係，並且提升我們領導、學習了解和評估進展的能力。

領導者跟教師之間典型的對話是什麼樣子？

領導者跟教師之間的對話通常會陷入一種可預期的型態，依著「誰掌握權力和資訊」來展開。教師傾向於認定自己是不對等的對話者，因為是領導者設定了議題，同時也擁有相關資訊，而且無論表面上如何禮貌客氣，教師還是忍不住懷疑這些資訊會怎麼被運用、操弄，致使他們必須改變教室裡的作為。教師要做的事只是坐在會議桌邊，接受領導者給的「建議」，並且承諾要做出某種行動，好讓領導者滿意。改變的動機完全是外在的，單單只靠權力、位階或獎酬來驅動。雖然這種類型的對話可能會導致短期的改變，但是它對於讓教師投入深刻的思考或參與式的決定，並無多少幫助。

這種領導者與教師之間對話的共同特徵，絕對是負面的，但我們發現它很典型，總是會發生在領導者跟教師的談話當中。這樣的對話難以支持和協助關係的發展，但這是持續精進差異化教學非常關鍵的元素。在許多案例裡，教師並不會熱切想要知道領導者的資訊及深入挖掘其中的意義，反而只是浪費時間在點點頭，或說一些領導者期望聽到的話，同時在腦袋中默默進行著另一種完全不同的解釋或防衛性的對話。在各種案例中，當對話雙方的資訊、控制力或權力並不平衡對等時，對話的結果就會比較無法聚焦，也比較短暫，而且可能會讓比較沒有權力的一方感到無力、疲憊。

田納西州教育局最近的一份研究發現，似乎證實、支持了這個想法——沒有生產效能的對話是不幸的常態。這份研究中有 2,100 位受訪教師，分別代表著不同的職位年資、教學成就和以往總結性評鑑的分數，當被問及那些領導者主導的對話對於他們的課堂教學實務所產生的影響，16% 至 22% 的人（此數據因教師們不同的教學年資和整體評鑑等第而有變化）回答他們並沒有因為跟領導者的回饋對話而改變**任何**的課堂實務

或行為。當被追問到他們沒有改變作為的原因時，教師們的回應是：(1) 在對話當中，他們並沒有發展出任何確切的「應該改進什麼」的想法；(2) 那些回饋是如此含糊不清，以至於他們無法掌握到自己可以做些什麼不一樣的事；或者 (3) 他們並不認為領導者建議的改變真的能夠幫助學生（Tennessee Department of Education, 2013）。

但實際上，有關教學實務的對話並不需要是這樣的。當對話比較不是總結性，而是形成性的──是經常的、具體的、資訊完全公開的，並且以建立領導者和教師之間的關係的方式來運作的話，它們就更有可能被視為有幫助的，也更有可能真正產生幫助。這樣的對話傳遞給教師的訊息是：他們的領導者真的在聆聽。領導者正在做的是因人而異的差異化對話，以符應每位教師的需求。

┃有效益的差異化教學對話，特徵是什麼？

在對話的力量建立之後，下一個合理的問題就是：「有效益的差異化教學對話，看起來是什麼樣子？領導者要如何規劃，好讓這些對話既有效用又有效率？」

Danielson（2009）提供了一些好洞見，讓我們從這裡開始。「重要的是，對話品質的提升，必須藉由進行對話者的技能，去深入挖掘表面底下的東西，去幫助教師檢視潛藏的假設以及不同方法可能造成的影響和結果。」她寫道：「在有技巧的協助之下，對話可以幫助一位教師深刻的反思他（她）的教學實務，並且看到學生行為的型態與教師行動及其結果的型態。」（p. 1）在這段話裡，Danielson 放大了「優質教學對話」的音量，指出這些對話的結構設計是要深入教學工作之中，要求雙方人員好好的檢視自己所持的「什麼對學生有幫助」的理論，也一起腦力激盪思考出各種多元的方法，以求得更好的結果。我們要為這段話再補充一個元素：

優質教學對話也要引導大家決定下一步的**行動**應該是什麼，而且雙方人員都必須承諾自己必定會在教室裡採取這些行動。

　　照這種方式，「最好的」對話是循環式的，其特徵是不斷重複出現思考、詮釋、腦力激盪、行動等元素，而後再重頭開始思考和詮釋這些新行動的結果。我們對優質對話的概念和想法，受到兩種持續出現且相互交織的焦點影響，焦點之一是跟教師建立起關係，焦點之二是行動和結果。在規劃有力的對話時，我們同時也有兩個焦點：我們希望這次對話能夠達成**什麼**，以及我們希望別人**如何**感受和看待這次對話。圖 5.1 呈現這種雙層對話方法，圖的上層代表的是「什麼」，下層代表的是「如何」。

　　我們先一起來看「什麼」的部分。有效益的差異化教學對話都會涉及以下的四種行動：

圖 5.1 ▪ 有效率又有效能的雙層對話方法

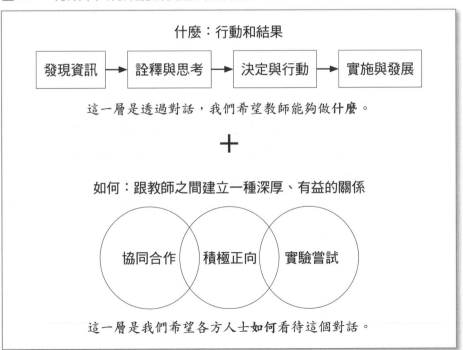

1. **發現資訊**：這個對話必須邀請教師一起來探討彼此共享的相關教學資訊，或是目前他（她）為了處理學生不同的學習需求所採取的教學方法。

2. **詮釋與思考**：在檢視回顧共享的資訊時，我們必須邀請教師說出他（她）目前的教學方法和目前的結果，同時也談談下一步可以嘗試的最有利的新策略。

3. **決定與行動**：為了深化這位教師在教室裡的差異化教學實務做法，這個對話必須引導出某種決定和選擇將要嘗試的新事物。

4. **實施與發展**：這個對話必須讓雙方都承諾將會做到彼此需要做的事，好讓行動延續下去，同時也必須強化這種想法——嘗試新方法乃是為了精進發展教師的教學實務，為恆久的教室教學改變奠定基礎。

「如何」的部分，關乎我們希望這種有效益的領導者跟教師對話帶有什麼樣的感覺。在目的企圖和認知感受上，我們希望這些對話是：

● **協同合作的**：一定要真誠的注意彼此之間有種協同合作、並肩奮鬥的精神，並且欣賞彼此的意見想法。

● **積極正向的**：對話的雙方必須感覺到此番對話是關於未來**可以**做些什麼，而不是重炒冷飯談論那些**無法**往前進的問題或理由。此外，領導者也必須傳達出一種積極正向的感覺，相信這位教師有能力可以造成改變，而且確保他（她）一定會受到必須有的支持。

● **實驗嘗試的**：所有優質對話都帶有一種「**試試看吧**」的感覺。這個對話應該聚焦在可能的行動和付諸行動的方式上，以真實、具體、可達成的步驟來進行教學實驗。

我們來看看這些元素如何化為實際的運作。

詹姆士・布魯克斯和美琳達・卜瑞蒂進行有效益的對話

北方小學執行差異化教學方案剛滿第二年，根據詹姆士・布魯克斯校長的判斷，這個實施階段有頗正向的進展。今天，布魯克斯校長找機會跟具有三年教學經驗的三年級教師美琳達・卜瑞蒂進行一場快速、非正式的對話。卜瑞蒂老師正在發展她的差異化教學技巧，並且展現出很有意願嘗試另類策略和評估學生因此而產生的進步情形。

在北方小學裡，有關差異化教學的對話時時刻刻都在發生，所以布魯克斯校長只是寄出一封電子信件給卜瑞蒂老師，詢問是否可以在課程計畫時間到她的教室拜訪，跟她談談目前的工作進展。她今天有空檔時間，當布魯克斯校長抵達時，她正在等他。

在卜瑞蒂老師的教室裡，布魯克斯校長以輕鬆的日常閒聊作為開場，詢問卜瑞蒂老師的家人和一般教學工作的狀況，並且專注的聆聽。不過，談話的主題很快的就轉向手邊最重要的事務，「想想你教室裡的差異化教學，你會怎麼形容目前的進展？」校長問道。

卜瑞蒂老師開始詳述到目前為止她已經常常在使用的教學做法，說明她覺得自己有能力很順暢的實施這些教法。校長再深入一點追問，請她聚焦在學生身上，說一說這些教法對他們產生了什麼影響。她開始反思，指出她看到哪些做法有效提升了學生的參與度、增進學生評估學習內容的能力，最後談到了哪些做法並沒有產生她預期的影響效果──而這些就是她想要改善的部分（興趣中心、差異化的家庭作業和同儕互教）。

布魯克斯校長鼓勵她持續思考這些部分，他們開始一起腦力激盪，想出其他的做法或另類的方式來進行嘗試。幾分鐘後，布魯克斯校長引導卜瑞蒂老師聚焦在她接下來的步驟，請她從他們討論出來的想法中，選擇一、兩個想法，並且發展出一個短期計畫來嘗試實驗這些策略。當對話結

束時，他約略提到卜瑞蒂老師訂出來的每一個短期目標能夠如何幫助她更趨近學校的差異化教學年度改變計畫，同時也再次強調他會繼續支持幫助她進行此項工作的種種方式。

在這個簡要案例中，我們可以找到有效益對話的幾個重要特徵：第一，我們可以感覺到這位校長希望這位老師對這個對話產生什麼樣的感受——日常隨意而且沒有任何威脅性。他先取得教師的同意，詢問是否能夠順便拜訪她一下，而不是直接告訴她自己要做什麼。就算是臨時通知，但對於校長要來拜訪之事，這位老師看起來並不覺得訝異或擔憂。

第二，請注意到這位校長開啟對話的方式很個人化，是同事夥伴的口吻，不是老闆的樣子，而是一位友善但聚焦目標的同事。不過，他很快就進入事務的核心，請這位老師開始反思她在差異化教學所做各種努力的進展情形和目前位置；他允許卜瑞蒂老師有空間選擇她想要談的部分，也許是因為他留意到自主性這個動機因素，所以他退一步，讓這位生手教師控制這部分的對話，並且提供相關的資訊讓他們的對話聚焦。布魯克斯校長引領卜瑞蒂老師走過發現資訊（思考她想要改善的部分）和詮釋思考（這些做法對她的學生產生什麼影響），而且在對話結束時，雙方的心態是肩並肩一起激盪思考更多的想法，於是卜瑞蒂老師決定要嘗試一個或兩個新想法，當作短期的目標。在這個對話裡，暗示著一種進展的循環，布魯克斯校長鋪設了下一次對話的基礎，他們應該會聚焦在她嘗試新策略之後的發現，這些策略是否發揮良好的功效，而她的下一步又應該是什麼。這位校長以非常簡單、關係深厚和結果導向的方式，運用他的對話工具來領導差異化教學、學習與了解教師個人和學校的進展，並且評估這位教師在差異化教學的專業發展。

布魯克斯校長和卜瑞蒂老師的對話提供了一個有用的範例，當我們深思熟慮的讓教師們投入這些簡短的對話時，我們對於全體教職員的個人目標和憂慮，以及他們在實施差異化教學時遇到的問題，可以獲得重要且深刻的了解。一位老師接一位老師、一次談話接一次談話，這些對話幫助我們看見教師們在推進他們的教學工作上需要哪些領導和管理的元素，它們支持著所有教職員專業發展的整體輪廓，讓學校的每一位教師都在差異化教學的旅途上繼續前行。

差異化教學的領導者如何決定要談些什麼？

　　在北方小學的案例研究中，布魯克斯校長鼓勵卜瑞蒂老師基於他們對話所產生出來的想法，選擇她想要發現和詮釋的差異化教學內容。

　　不過，對多數老師來說，差異化教學所含涉的主題範圍非常寬廣又深入，要做出決定並不容易。而且在許多學校裡，教職員每年嘗試實施的差異化教學面向是由年度改變計畫及其當年度強調的重點來設定的，因此，在許多案例裡，領導者與教師對話的初步方向，就是由差異化教學的操作型願景和年度改變計畫所提供。就像 Danielson（2009）提醒我們的：「當彼此之間已經建立起對這些重要想法的共識，那麼雙方就會理解桌面上要討論的議題永遠都是這些想法的應用，也因此，舉例來說，如果管理者在對話一開始就談論某個（差異化教學）活動是否具有學科智識的嚴謹度，並不會構成一種『我抓到你了』的感覺，相反的，它只是反映了教職員對於學習的重要想法有共識，這些才是所有專業對話的核心，而學生參與投入學習的一項重要指標就是學科智識的嚴謹度。」（p. 46）

領導者要如何平衡願景、改變計畫與個人之間的要求？

這裡很適合來回想一下，有效的差異化教學需要教師了解的五個關鍵要素：學習環境、課程、評量、教學，以及領導學生和管理教室常規。對於教師來說，了解這些要素以及它們之間的關聯性，並且應用這些理解在教室教學實務中，就兩個層面而言是基礎必要的。第一，這些要素建構出有意義的教與學的基礎，不管在哪個地方的哪個教室都一樣，而且差異化教學的力量會降低教師們無法適當了解和組織安排這些要素的程度。把**差異化教學**這個詞拿掉，換上其他各式各樣的字眼（**協同合作學習、閱讀、跨學科學習、科學探究歷程**——這份清單可以列得很長），這個真理還是屹立不搖。因此，要領導有效的差異化教學，就是要幫助每一位教師成長，逐漸專精每一個關鍵要素，**並且**有能力以合乎邏輯的方式統整運用這些要素在他（她）的計畫與教學裡。這樣的事實代表著，就某種程度上來說——不管是由學校年度改變計畫指導、教師自己選擇，或兩者的結合——有效益的對話通常必須聚焦在這五個關鍵要素的其中一個（或更多個）。朝向差異化教學發展的學校，其目標是確保教室裡的每一位學習者都有最大的成長，在這樣的學校裡，每個關鍵要素都伴隨著特殊的意義。

- **學習環境**：擁有一個普遍而言正向積極的環境是好的，但如果對一個社交技能比較差的學生、一個沒辦法久坐的學生、因為已經知道很多課堂上教的東西而覺得無聊的學生、害怕走夜路回家的學生、對這個世界的看法很奇特或非常有創意的學生、覺得自己深受種族刻板印象所苦的學生……來說，這個環境的邀請參與性感覺還是不夠，那麼它就還不足以支持每個學生的成長——也沒有反映差異化教學的原則。

- **課程**：一位教師可能照著進度計畫指引來教學，「努力教完」一串課綱標準，或全心全意的教導一篇課文——甚至可能也含有學生清楚知道的學習目標。但如果課堂環境沒有讓一部分的學生投入，或看起來似乎距離一些學生的經驗頗為遙遠，或沒有培養和達成學生真實的理解和遷移應用「被教的東西」的能力，那麼這個課程並沒有反映出教師實施有效差異化教學所需的東西。

- **評量**：一位教師可能會執行和檢視學校或學區規定的套裝「形成性評量」，但如果從這些資料得到的資訊跟明天的課堂教學沒有關係，那麼這些評量結果就無法用來指引教學計畫，這對有效的差異化教學來說，是絕對無法退讓的要素。同樣的，如果教師使用出場卡或寫作提示來監控學生的學習，但卻不了解如何給予學生有意義的回饋來幫助他們在自己學習之路上發展更大的自主性，或是不了解如何在學生的回應裡找出規律型態或模式類型，以調整後續的教學計畫，那麼這種「形成性評量」其實並不是形成性的，因為真正的形成性評量必須要能支持和協助差異化教學。

- **教學**：如果教師在教學計畫裡預留空間，讓學生能夠以多元的方式來進行一項任務，或以不同方法表達他們的學習，但卻未經常、規律性的處理學生各種不同的準備度起點或學生距離學習目標的發展，那麼差異化教學的核心焦點就錯失了。

- **領導學生和管理教室常規**：如果一位教師可以清楚並精確的解釋說明如何在將來的一堂課實施差異化教學，但卻不知道如何離開教室「前方中心」的控制位置，那麼這位教師是不可能執行他（她）精確說明的計畫的。如果「讓學生鬆綁」去做兩個不同的任務卻導致混亂和失序，差異化教學也無法運作。相反的，學生需要了解差異化教學的概念，並且充分參與教室常規的建立和維持，讓每個人可以在這個教室裡好好學習與成長。

　　差異化教學年度改變計畫的操作型願景和有效益的對話，必須針對教師在這五個關鍵教室要素及其間的交互回饋影響方式的專精熟練度，也必須處理這五個關鍵要素應該如何運作——個別和整體的運作——的特殊方式，以幫助、支持教師去注意學生個別的差異。然而，年度改變計畫可能強調的是五個要素當中的一個或兩個元素，而非同時強調所有五個要素。在這種時候，注重專業發展的領導者必須懷抱「前景和背景」的認知態度來執行工作，雖然今年的專業發展計畫和教師對話的前景是放在一個或少數幾個要素，但根本必要的是：其他要素必然持續存在，而且五個要素是混合統整的。

　　所以，舉例來說，如果這個學期或學年的改變計畫強調的是形成性評量的運作，領導者及協作者會提供諮詢和協助來深化教師對於評量本質的理解，評量是要提供訊息讓教師和學生了解自己的計畫，以及如何在教室裡運用這種類型的評量。同時，他們也需要以清晰的方式來呈現形成性評量的訊息與課程之間的連結性（比如，與 KUDs 之間的連貫一致；確保這些評量強調的是理解，好讓所有的學習面向都能保持思考的核心焦點；評量的設計也要讓學生能參與投入，就像課程也應該如此等等）。更進一步，專業發展也必須體認到，強而有力的評量做法會讓更多的學生覺得學習環境變得更積極正向（比如，學生會了解到在這個地方犯錯是安全的，而且犯錯能夠幫助他們學習，也會知道了解自己的進展將能幫助他們為未來的成功做出計畫，也因此而養成一種成長型心態）。當然，課程內容也必須處理形成性評量和教學做法之間的緊密難分的連結，如果一項「形成性評量」不能導引出對學生更有益的教學，那它根本不夠格稱為形成性評量。因此，這五個差異化教學的要素，以及它們在操作型願景和某一年度改變計畫中如何呈現，必然會影響形塑有效益的對話。

　　簡而言之，我們的建議是，有智慧的領導者會確保跟教師們持續對話討論所有的要素，以及這五個要素構成整個系統性運作的必要性，即使當

年度的前景是鎖定在某一個要素。但是，還有另一層的規劃必須考慮：任何有關差異化教學教師專業發展的思考、規劃、對話和輔導，都必須反映出這個現實：不同的教師在理解和應用差異化教學原則上，會有顯著不同的狀況。每個人看待「創造邀請性的環境、提供強力的課程、運用評量來改善教與學、執行回應式的教學、領導學生和管理常規」的方式，都會有一點不同，而進展的步調也會有差異。要成為有效的領導者，我們必須了解濃縮包裝在差異化教學操作型願景當中的差異化教學大藍圖，依據年度行動計畫聚焦強調的願景來規劃當前各方面的成長，並且始終一致的執行背景和前景的工作，以確保**所有**教師的知識、理解和技能在大藍圖和細節處都能有所發展。這表示我們必須好好思考每位教師在願景和行動的成長軌道上是居於哪個位置，這麼一來，我們才能在共同的目標範圍內，提供個別的差異化，而這也是我們要求教師們在差異化教室裡必須做到的規劃層次。請再回顧參考表 1.2（見第 20 頁）「生手到專家的漸進發展線」，其中提供了一些思考教師差異化教學發展的語句，表 5.1 依據這些語句來創造了一套評估指標，可以更具體的指引領導者和教師的對話和規劃。不過，這個表並沒有想要窮盡列出所有的指標，它只是提供一個起點，讓我們可以建立相關的描述指標來標示和追蹤團體及個人的成長。這套評估指標也可以指引某些對話的進行，以支持協助教師發展有效處理學生差異的能力。

▎領導支持促進改變的對話，最有效的方式是什麼？

　　領導對話的「最有效方式」，要視一些因素而定，包含教師對領導者和願景價值的信任程度、對話的目的，以及教師在這個變革方案各方面的專業程度。

表 5.1 • 差異化教學生手到專家檢核量表

要素	生手	學徒	實踐者	專家
環境	□ 教師對學生平淡無感 □ 固定型心態很明顯 □ 師生連結關係很低 □ 有意義的學生互動很少出現 □ 學生的聲音很少出現	□ 教師對學生有點覺察了解 □ 對更多學生抱有成長型心態 □ 大致尊重學生 □ 有一些師生連結關係 □ 教師會尋求一些學生的想法貢獻	□ 教師對學生的情感支持清楚可見 □ 教師的成長型心態很明顯 □ 學習團體感出現 □ 高度的尊重 □ 偶爾會有學生自動發聲	□ 滿滿的師生夥伴關係 □ 教師和學生的成長型心態都很明顯 □ 師生學習團隊順暢運作 □ 以學習者和學習為中心 □ 學生的聲音持續出現
課程	□ 目標清晰度很低（沒有明顯的KUDs） □ 以事實或技能為本，很少強調思考或理解 □ 相關性低 □ 執著於教案或文本	□ 目標清晰度稍高 □ 思慮更周全的課程 □ 偶爾學生會很投入 □ 偶爾強調理解	□ 課程計畫中有明顯可見的KUDs □ 經常把學生的投入度和理解納入計畫中 □ 經常強調思考 □ 有時會考慮到學生建構意義所需的時間和支持協助	□ 學生很清楚KUDs □ 各類學生都高度投入學習 □ 以理解和思考為中心 □ 將學生的聲音交織融入到課程設計中 □ 支持「往上教」
評量	□ 大部分是學習結果的評量 □ 很少或沒有使用形成性評量 □ 分數比學習回饋重要 □ 評量方法跟KUDs的結合度低 □ 強調正確答案 □ 強調事實和技能的重複	□ 有一些促進學習的評量 □ 使用形成性評量，但少有證據顯示用它來改變、調整教學 □ 跟KUDs的結合度算普通 □ 學習回饋比較一般化或模糊 □ 逐漸強調理解	□ 經常做促進學習的評量 □ 跟KUDs的結合度還不錯 □ 經常要求學生理解和思考，學習回饋比分數重要 □ 有些證據顯示教師會基於形成性評量的訊息來調整教學	□ 評量即學習 □ 跟KUDs緊密結合 □ 可據以決定後續行動的學習回饋 □ 學生對學生（student-to-student）的學習回饋有作用 □ 常有證據顯示教師運用評量訊息來做教學計畫 □ 明顯可見學生自己設定目標 □ 差異化的評量方式

要素	生手	學徒	實踐者	專家
教學	□ 一體適用於所有人、固定死板 □ 跟 KUDs 的結合度很模糊 □ 以教師為中心 □「要不要恋聽尊便」的態度 □ 強調背誦式學習、正確答案 □ 很少教學分組活動、或使用固定的分組	□ 略有覺知學生的多元需求 □ 提供一些選擇 □ 大多是運用反應式的差異化教學做法 □ 跟 KUDs 的結合度算普通 □ 要求學生做一些理解和思考 □ 教學計畫展現出較多顧及學生的興趣和學習風格差異、比較少顧及準備度 □ 大多是以低準備門檻的差異化教學策略為主	□ 以持續性、主動式的差異化教學做法為主要特徵 □ 跟 KUDs 的結合度還不錯 □ 關注學生的準備度、興趣和學習風格 □ 展現彈性運用某些教學要素的能力 □ 突顯尊重學生的學習任務 □ 突顯某些彈性分組教學 □ 融入一些「往上教」的做法	□ 經常注意學生的準備度、興趣和學習風格 □ 跟 KUDs 緊密結合 □ 允許學生擁有自主權 □ 在教學設計中考量並容納入學生強力的聲音 □ 突顯持續的運用有彈性分組 □ 以持續、一致的「往上教」為主要特徵
班級領導與經營	□ 規定導向 □ 以順從為重點 □ 教師主導 □ 步伐一致、紀律嚴明、非常嚴格 □ 對學生低度信任 □「管理」學生	□ 教師擁有規定權，但提供一點彈性空間 □ 跟學生的對話中、融入一些關於差異化教學的話題、教學素材和空間的時間 □ 運用有一些彈性 □ 有較多的證據顯示教師正在研究和回應學生 □ 教師有時候仍會擔心失去控制權 □ 不太穩定的教導「支持成功」的教學常規	□ 經常跟學生進行差異化教學的對話 □ 教師經常徵求學生對班級常規的意見 □ 教師能彈性運用一些差異化教學要素 □ 教師能平衡彈性與可預期性的需求 □ 大致做到的教導「支持學生成功」的教學常規	□ 差異化教學的教育哲學指引著教師的思考和計畫 □ 明顯展現對學生的信任 □ 經常定期跟學生進行豐富的差異化教學對話 □ 教師領導學生和管理日常運作程序 □ 學生跟教師是夥伴、一起解決有關常規和程序方法的問題 □ 學生擁有高度的學習自主權

註：運用這個檢核量表來協助進行有關差異化教學的反思、觀察與對話。

　　然後還要考量一個現實：領導者總是傾向於使用符合我們自己個人領導方式的方式來進行對話。我們喜好官僚階層、命令控制型的結構，或支持擁護學習社群共享領導權的方式？我們比較習慣有正確答案或持續不停的探究？當論及學習的績效責任時，我們強調的是個人自主或集體責任？在日常實務當中，領導行為並非總是停在這些非 A 則 B 二元對立的端點上，而是在兩個端點之間的連續線上移動改變著。我們每個人依然會有天生自然的傾向，會在此一連續線上找到自己舒服自在的那些點，而這些喜好點會直接影響我們如何跟別人對話。請參考圖 5.2 簡要呈現的領導喜好連續線，此圖引自「前進學習」組織的德州領導力發展歷程訓練計畫（Texas Leadership Center, 2014），並請想想這個問題：「在差異化教學領導世界裡，你最喜歡生活在哪裡？」

　　簡要的說明這四種「風格」，可以幫助領導者決定他們通常傾向移動到連續線的哪個部分。許多領導者採取一種「跟著我」的風格，嘗試領導差異化教學的各種努力作為，透過**告知**的方式來領導學習歷程和主導對話。這種天生偏好的權威型風格和命令方式，就時間而言很有效率，就控制權而言是支配主導。採取諮詢或參與型風格的領導者，運作領導的想法仍認為他們個人對於如何有效學習差異化教學的下一步驟的直覺是非常

圖 5.2 ▪ 領導喜好連續線

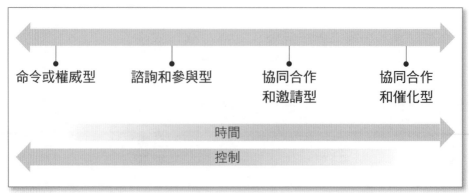

明智周全的，不過他們也相信比較協同合作的方式，在最後自己做出決定前，會探詢其他的想法和方法。諮詢型領導者在控制權的掌握上依然堅定，雖然他（她）在決定下一步是什麼之前會先徵求他人的想法意見。

　　圖中的另兩種風格代表的是比較多的協同合作、比較少控制、花比較多時間在對話上面。協同合作或邀請型風格的領導者，會徵求其他人的意見想法，在領導學校實施差異化教學做法時，相信共識決定下一步要怎麼走。教練式和催化型的領導風格，涵蓋大多數想法的產生，這樣的領導者相信，權力存在於集體共同的決定當中，也相信參與者本身真的知道最好的答案。

　　Walsh 和 Sattes（2010）的著作詳實記錄了教育的領導趨勢，並指出在大多數情況下，現今大家偏好的領導風格是位於連續線右手邊的部分。就個人而言，我們相信每個人都應該仔細考量可能影響我們如何領導對話的種種因素，我們也覺得一位領導者採取的領導風格，要看這位領導者有多麼了解對話的**情境**以及跟他（她）共事的**那個人**而定，因此，並沒有一個**正確的**方式來領導這些對話，真正重要的是領導者對於自己偏好風格的認識，以及願意根據情境因素和他（她）對於希望對話的那個人的認識，在連續線上彈性移動改變的意願。一句很有用的忠告是：「認識你所領導的人，並了解他們的文化。」（Hargreaves & Fullan, 2012, p. 164）針對這一句話，我們還想加上：「也要認識你自己。」

　　有時候，我們可能感覺到某個人需要一些方向，因此在討論中我們採取命令式風格，試著引發行動來強化這位教師發展出一套差異化教學技能。又有時候，我們可能感覺到最適合的方式是協同合作或教練式風格，因為這位教師需要有人肯定他（她）的努力，而且在對話中表現出願意反省思考的樣子。換言之，我們如何進行對話的方式，取決於我們有多麼了解參與對話的另一個人，以及在這短暫的交談中，我們需要達成什麼目標。

從我們自己的實際經驗中發現，當我們猶豫懷疑在對話中該採取哪種適合的方式時，直接開口問是很有用的！讓我們來看看幾年前，作者Michael 在輔導中學教師時發生的事情。

當時，Michael 跟位於某大都會南方的一所中學簽訂工作合約。有十位教師自願讓他進入他們的教室，整個春季學期，最少進行 4 次 45 分鐘的課堂觀察，而後進行個別的教練輔導會議。其中有一位特別的教師，擁有四年的教學經驗，負責教導多元文化的學生八年級社會科，她教了Michael 很寶貴的一課。

Michael 滿懷歡喜的著手處理他的任務，由於他已經學會運用協同合作和催化型風格，所以很期待能夠跟這些教師們一起運用它。在他第二次觀察了這位社會教師的課堂教學之後，他坐下來與她進行第一次的對話。Michael 開始了他最好的教練型談話，布置好舞台，努力讓她覺得安全，然後探討教學工作和她的回應。在對話中，他接連問了不少問題，希望既能挑戰考驗又能支持協助她。

在這個對話進行了大約 10 分鐘後，這位教師靠過來，伸手碰觸Michael 的手臂，沉靜的說：「你可以暫停一下嗎？」Michael 試著關心留意她的擔憂，所以他停了下來。「有什麼問題嗎？」Michael 問，「我遺漏了什麼嗎？」

「沒有，」她回答，「我只是希望你暫停輔導我一分鐘，我**真的**不知道該怎麼做，你一直問我問題，而我都沒有答案。我真的想要知道**你**會怎麼做，**你的**想法是什麼？」

這位自我覺察的教師給了一個很清楚的提醒：要領導成功的對話，有賴於領導者敏感察覺當下需要的是什麼——也有賴於這位教師覺得夠安全、可以清楚說出他（她）的需要。這位特別的教師渴望也接納這樣的教練輔導，但在特定的時刻，她需要**至少**是諮詢型的方式，這樣的對話才能促進她的成長。如果 Michael 在開始對話之前，就先詢問她想要如何進行

對話，以及她想從他這邊獲得什麼樣的協助，他可能就會更知道要如何來
進行這次對話。

反|思|評|估

　　你會如何描述你喜好進行對話的方式？命令型？諮詢型？協同合
作型？催化型？你的經驗裡有哪些例子可以作為你經常使用這種方式
的證據？如果為了更適應或遷就對方和對話情境，要你改變風格，你
覺得自己有多舒坦自在？你能想到最近哪一次的差異化教學對話，要
是你能夠更有彈性的改變個人風格的話，該次對話會發展得更順利？
試著想像描繪出幾套對話發展劇本，看看要是你嘗試不同風格的話，
該次對話可能會如何發展。

▎如何運用問題來指引領導者的對話？

　　在有用的差異化教學對話當中，我們希望這位教師會發現和詮釋有關
他（她）的教學做法的相關資訊，然後，透過我們給予的回饋或輸入，
來決定接下來的步驟，讓他（她）的課堂教學做法逐漸發展、精進。我們
和這位教師都希望這次對話的感覺是協同合作、積極正向，並鼓勵實驗嘗
試的。如果我們能夠展現出真誠的好奇心，很想知道這位教師的教學信念
是什麼，以及他（她）認為下一階段改進差異化教學實務做法是什麼，才
比較有可能會出現這樣的好結果。所有這些目標以及情境化的衡量基準，
都會受到我們選用的問題的引導，這些問題既可以刺激反思也可以驅動對
話。

Warren Berger（2014）提醒我們：「好的提問者對於自己的無知，經常都有覺察，而且感到十分自在。」（p. 16）他接著繼續探討，以問題作為工具，它們不僅開拓思考的深廣度，同時也指引思考的方向，並讓思考聚焦。而這裡，對所有我們這些身為差異化教學的領導者而言，出現了一個警訊：擁護支持「提問是對話裡的關鍵策略」是一回事，能夠有效用又有效率的提問，卻是另外一回事。

我們大多數人都可以從琢磨改善我們的提問技巧中獲益。我們可能習慣活在命令型的風格裡，這種領導喜好會讓我們貶低問題的重要性，更重視宣告命令式的語言；而亟於想要看到教師改進的欲望，當然也會誘惑我們做出上級控制式的命令要求，使命令要求變成對話的中心。但是，多提問、少告知，通常才是更有希望達成目標的方法。

這裡提供一些規劃時的指導方針，可以幫助你創造出驅動對話的問題，並且以建立深厚關係、聚焦結果導向的方式來練習提出這些問題（Walsh & Sattes, 2010）：

指導方針 1：澄清對話的目的

透過提問一系列的問題來深入思考你想要達成的是什麼。在決定目的時，很重要的是要檢視差異化教學的優質對話可能聚焦在哪些不同的「什麼」（whats），也就是本章前面討論過的「什麼：行動和結果」。確定一下，你的目的是：(1) *發現資訊*——幫助這位教師探討他（她）差異化教學做法的某個面向；(2) *詮釋與思考*——邀請這位教師來詮釋到目前為止的成功經驗和困難掙扎；(3) *決定與行動*——幫助這位教師決定他（她）接下來要進行的步驟；(4) *實施與發展*——幫助這位教師承諾會採取行動，並且確保這個做法會變成教學常態，這樣這位教師才能精進知識和技能。

指導方針 2：確認對話的焦點

想一想每個問題是在問什麼，確定你知道為什麼問這個問題是對的。對話的焦點應該完全透明化，而且是在對話之前或對話當中協商討論決定的。如果你們想要把對話焦點架構在差異化教學操作型願景或年度改變計畫的基礎上，那麼對話內容焦點就是指定的，一起來反省思考「我們想要什麼」或「我們今年努力的目標是什麼」的共識決定。在其他狀況下，你可能會覺得把對話焦點放在個人的成長和接下來的步驟是明智的。

指導方針 3：選擇一種程序步驟

想想你要怎麼樣提出你的問題，在什麼情境場合、在什麼條件下？你希望這位教師如何看待這次對話？什麼會讓這位教師感到輕鬆自在？你應該採取諮詢型或偏向協同合作和催化型的風格？

指導方針 4：謹慎注意問題的用字遣詞

請運用每個問題的目的，作為指導該問題用字遣詞的原則，但永遠別忘記：「文字傳達內容，不過，它們也傳達有關說者與聽者之間的關係的訊息。」（Walsh & Sattes, 2010, p. 17）你絕對要確定你提出的問題在內容上是清晰的，而且傳達了你想要的語氣——在心裡想著要回答這個問題的人而選定的語氣。

經過多年來與各種不同的學校領導者共事的經驗，我們發現這裡所描述的「目的驅動的對話架構」對於問題的產生是很有幫助的。以下依據四種不同的目的，總結一些有用的問題。

幫助對話者發現資訊的問題

• 這堂教學裡的哪個部分是成功的？

- 你注意到什麼？為什麼？
- 對於你在＿＿＿＿＿的做法，你有什麼憂慮嗎？
- 對於＿＿＿＿＿，你有什麼想法？為什麼？
- 你還有什麼想要達成的？為什麼你選擇這個？
- 為了達成＿＿＿＿＿，你做了些什麼？有多少的成功經驗？
- 在＿＿＿＿＿方面，你遭遇了多少挫折失敗？你覺得為什麼會這樣？
- 在＿＿＿＿＿方面，你想要達成什麼目標？為什麼你會這樣說？

幫助對話者詮釋資訊的問題

- 你覺得這個為什麼會發生？可能的原因是什麼？
- 當你改變＿＿＿＿＿時，你注意到或發現了什麼？
- 你希望這個結果變得不一樣嗎？那樣的結果如何可能成真呢？
- 如果沒有任何改變，結果會是如何？你可以忍受那樣的結果嗎？
- 哪些地方需要再努力精進？為什麼你會選擇那些？
- 你覺得這是一種缺失還是落差？為什麼？
- 你認為要怎麼做才可以強化這堂教學？

幫助對話者做出決定或付諸行動的問題

- 你的計畫是什麼？你為什麼覺得它是最好的計畫？
- 這個計畫的哪個部分，讓你覺得最躍躍欲試？為什麼？
- 你會採取什麼步驟？你的下一步是什麼？為什麼那是最好的一步？
- 哪個方向是你覺得最安心自在的？
- 我們討論到的幾個選擇當中，你覺得對你最有用的是什麼？會有最好的結果的是什麼？
- 我很想聽聽哪個選擇會適合你的需要。

獲得對話者承諾實施與發展的問題

- 你期望會有什麼結果？你期待何時能看到這些結果？
- 你要如何知道你得到想要的結果了？
- 這會如何改變你的教學工作？
- 對你來說，最佳的開始方式是什麼？
- 我在這當中扮演的角色是什麼？你需要我怎麼支持、協助你？
- 要啟動這個計畫，你需要什麼資源？
- 我們何時要再聚在一起，好讓我能看看你的結果？

▍領導有效益的對話，還需要什麼其他的技能？

　　吉姆・奈特（Jim Knight）這位著名的人際溝通教練，提倡「夥伴型溝通」（partnership communication），並且把聆聽列為領導學校精進的優質對話不可或缺的技能。奈特在最近的一本著作中（Knight, 2011）清楚的陳述聆聽在溝通裡的重要性：「幾乎任何一本溝通和領導的書籍都認為聆聽是基本必要的，然而，在現今社會裡，真正的聆聽是很罕見的寶貴品質。我們在家裡、在辦公室和在團體裡的對話，通常都比較是在爭奪自己說話的時間，而非真正的溝通。真正的溝通是一種雙向的過程，為了讓它變得真誠又有人性，我們的聆聽吸收至少必須跟表達輸出一樣多。要成為一位好的溝通者，我們必須成為好的聆聽者。」（p. 211）

　　聆聽是我們表現好奇心和合作精神的方式，也是探索差異化教學各種可能性並讓教師投入開放、真誠對話的方式。在優質的對話中，另一個人說話表達的比例跟對話的領導者比起來，如果不是比較多，至少也應該一樣多。這種有意圖的拒絕主導整個討論或相關決定的行為，傳遞給教師一個清楚的訊息：你的想法，跟學校領導者的想法一樣受到重視與需要。

　　當身為領導者的我們在發展對話技能和提問工具箱時，我們也必須注意聆聽的藝術與科學，以確保對話雙方能夠深入且有意義的探討差異化教學的想法和概念。圖 5.3 強調用心聆聽（mindful listening）的特質（Cheliotes & Reilly, 2010; Tschannen-Moran & Tschannen-Moran, 2010）。

　　對一位領導者來說，在領導者跟教師的差異化教學對話中，展現這些用心聆聽的特質，代表什麼意義呢？

- **開放的聆聽**：我們必須暫緩判斷，丟棄「正確答案」，並且表現出我們好奇、想知道這位教師的想法。
- **安靜的聆聽**：我們必須知道何時該保持沉默，表示我們重視這位教師正在呈現的想法。領導者過度的說話和提供想法，實際上會讓對方覺得他（她）的想法並沒有受到多少重視。
- **不做任何行動的聆聽**：我們必須試著不要貿然跳進去「包攬問題」並提供一個解決之道。最好是觀察見證這位教師的思考歷程，然後

圖 5.3 ▪ 用心聆聽的提醒

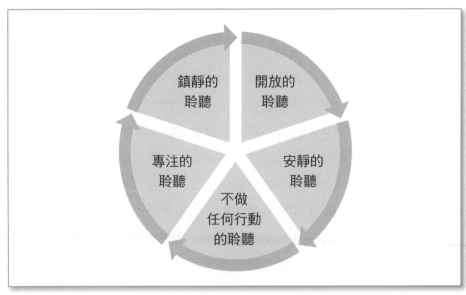

再引導這位教師注意合宜的解決方法或策略。

- **專注的聆聽**：我們不能分心去想其他的責任或任務，而是必須表現得讓這位老師知道這個對話是最重要的事情。
- **鎮靜的聆聽**：在處理差異化教學的困境或機會時，我們必須把關注焦點持續放在尋找解決之道，並且展現出一種共同效力的感覺。

在這一章當中，我們已經介紹了關於領導者一教師對話的一些主要概念，到現在你的印象可能是：豐富、有效益的對話就是遵循雙層對話流程、適時插入對的問題，以及在對話過程中的關鍵時刻要克制自己不要說話。雖然這些都是有效益的對話的**基本元素**，但我們知道的是，有效益的對話涉及領導者**和**教師高度的技巧，雙方都必須學習和練習這些技巧。事實上，我們相信，在強而有力的學校裡，對話會反映出領導者和一起工作的教師們所關注重視的領域和致力完成的工作。

當我們在領導教職員把焦點放在差異化教學的內容，一起奮鬥耕耘健全又有意義的差異化教學時，我們也必須注意我們是如何進行差異化教學的溝通。然後，對話變成我們每天最重要的工具，用來領導願景的實現，從教師們了解他們目前的發展，並且評估全校在這種最具回應性的教學形式上的進展。

❦ 培養領導能力 ❦

　　當你在發展實施差異化教學的相關努力作為時，想想在底下這些概念上，你目前的狀態是如何。這些想法中，有哪些需要你多做一些思考或行動？要做好自我準備、領導關於這項重要工作的優質對話，你的下一步是什麼？

☐ 我對差異化教學對話的規劃，既能強化跟教師之間的關係，也能聚焦在應用差異化教學所獲得的結果。

☐ 我以「肩並肩」的方式進行對話，真誠展現出一種好奇和協同合作的基調。

☐ 我衡估判斷對話內容的基礎，是我們現在處於實施差異化教學的哪個位置，以及這位教師目前在哪個位置。

☐ 對於如何進行對話，我有一個規劃好的順序，而且在對話開始之前和進行當中，我心中也有具體明確的情境目標。

☐ 在領導喜好連續線（圖 5.2）上，我有移動改變的彈性，所以我會反思性的注意什麼才是支持協助我的對話夥伴的最佳方式。

☐ 我善用問題來引導整個對話過程以及激發思考、行動和反思。

☐ 跟教師們談論差異化教學時，我會練習用心聆聽。

第 **6** 章

實地測試，判斷差異化教學是否造成改變

　　變革領導的工作當中，有很大一部分是要精確評估目前的進展情形，並且將這個進展情形傳達給正努力嘗試落實改變的教師們，跟他們充分溝通。不過，我們發現，身為學校領導者，我們經常支持擁戴差異化變革方案，卻在不經意之間忽略了應用工具、策略和測量方法來幫助我們評估和確定目前改變的程度、這些改變是否精確按照原訂的健全模式來實施，以及這些改變對學生和教師造成正向影響的程度。如果我們沒有經常規律性的清楚衡估「差異化教學進展得如何」，我們當然就沒有辦法跟教師們溝通進展情形，而欠缺證據證明這項工作實際執行得如何，這工作可能也不會照它應該的樣子順利進行。在一個瘋狂忙碌、強調行動卻忽略品質和成果的環境裡，這種徒勞無功的循環是很常見的典型狀況。

　　讓這個議題雪上加霜的是，我們常常覺得被迫要用單一面向的學生成就測驗作為差異化教學的「評鑑」方法，總是依據地方的教育指標或州立測驗的分數，作為唯一一種評量差異化教學的影響力的方式——而且還會非常急躁、過早的檢核這些評量結果。然後，當結果並非全然正向肯定、教學做法看起來也不是那麼一致有效時，我們以及我們的督察長官，還有學校的委員會，所有人都感到困惑了。讓我們來快速探究一下這個兩難困境。

「這個有用嗎？我們有進展嗎？」

　　薇薇安・華克校長正處於第二年領導整個小學教師集中全力在做差異化教學的改變和努力。在第一年的工作進程中，他們花了很多的時間和注意力在有關差異化教學的學習上，觀察評估學生的學習需求、建立差異化教學的目的，以及創造差異化教學的操作型願景。除此之外，也安排了不少的差異化教學專業成長機會——在學年的開始和中期，幾乎都是以研習訓練的方式來執行。現在邁入第二年，華克校長覺得她的同事們應該已經可以從啟動階段邁入實施階段，她期待著進入教室觀察，也希望能看到教師們把差異化教學的原則和做法付諸實踐。

　　然而，她在教室裡看到的卻是大雜燴：有各種深度和品質上天差地遠的差異化教學做法。在與教師們的對話當中，華克校長也注意到有一些蠻頑固的抗拒力量。她真的相信這所學校整體而言應該更往前進，但是各式各樣的實施狀況散亂紛呈在教師進展的地圖上。他們的差異化教學作為真的有用嗎？還是沒有用？她應該怎麼做呢？她應該用學生的測驗分數來當作證據嗎？還是應該專注於個人成長上？她應該把學校視為整體，並且為所有教師設定成長標準嗎？

　　這樣的經驗——以及因此而導致的困惑不安——對於領導差異化教學方案的人來說，是很常見的。好消息是，差異化教學實施初期特有的起伏不定、參差不齊的狀況，完全是在預料之中，而且通常是短暫的。請記得，當教師開始實施差異化教學的時候，他們會選擇自己可以理解、覺得有意義的方法和途徑，這種每一個人自主決定的特性，會在最初的階段出現多元不同的作為，並造成各種不同的結果。

　　領導者帶領學校度過這個階段的一種方式是，設法更加理解教師的思

考和教學作為、測量評估進展情形，並且與教師們溝通這個進展情形。對教師們來說，知道他們正在繼續成長中，即使成長頗為緩慢，都可能是他們維持努力作為並讓變革持續往前所需要的鼓勵。要做到這件事，我們可以運用教育裡面最有力量的工具之一——經常性的形成性評量。有效教室裡的教師同樣是運用形成性評量的基本方法，來了解和指導每個學生朝關鍵知識、理解和技能發展前進，學校領導者也可以運用這些基本的程序方法，不只是評估每位教師對差異化教學的知識、理解和技能的進展，也可以用來討論這些進展情形，建議中途的修正、微調教師的工作，並且提供指引性的支持，讓教師能夠持續成長。本章將探討在邁向差異化教學的多年期旅程中，每個特定階段適合使用的評量方法，也建議如何運用這些評量方法來促進全校穩定的朝著深入紮根的差異化教學前進。

▋評鑑進展：我們應該做什麼？為什麼？

在第一章，我們提到有效實施差異化教學的教師會基於他們從系統性的與學生互動、教室觀察和形成性評量方法所獲得的資料，持續監測學生距離學習目標（KUDs）的成長情形，提供回饋給學生，並且調整改變教學。重視教師的目標清晰度、知道他們跟學生互動所產生的結果，並且做出回應性的教學改變，這是差異化教學的核心。而這個歷程，對於想成功邁向差異化教學的領導者來說，也是同等重要。

當我們想到傑出的教學，第一個在心頭浮現的特徵之一就是教師密切觀察著每個學生目前的學習狀態，然後會設計剛好有點「超前」那個狀態的學習機會，在挑戰與支持兼具的結構中促進學生成長。所有領導者都可以運用同樣的方法，跟個別教師一起執行差異化教學的工作，並以整全的方式來評估學校的進展。要做到這一點，領導者必須在這兩方面變得非常專精：評量進展（assessing progress）和評鑑成長（evaluating growth）。

Tom Guskey（2000）認為**評量**（assessment）是「對目前狀態的評估」（p. 47），他提醒我們，形成性評量涉及的是蒐集資訊或證據，目的不是為了評判一個人或想法的優點或價值，而是釐清一個計畫或方案目前的狀態。相對的，**評鑑**（evaluation）涉及的是對相關結果進行更大、更具總結性的判斷。雖然評量必然是評鑑的一部分，但它並不是評鑑的同義詞。

這樣的區分看起來可能像是細分頭髮一樣的吹毛求疵，但它其實是很重要的。就像我們期望教師們能在教室裡使用經常性且聚焦目標的形成性**評量**來決定學生目前學習的位置與狀態（同時，也因此來判定教學的有效性），身為領導者，我們應該要蒐集規律性、策略性、容易取得的資訊，來告訴我們教師們目前將差異化教學原則轉化為課堂實際的位置與狀態。再者，就像我們期望教師們能夠使用總結性**評鑑**來確認每個學生達到預定 KUDs 標準的成長程度，我們也應該慣常性的使用更多正式、評鑑性的測量方法來確認差異化教學的整體影響力。換言之，我們必須同時關注差異化教學種種作為的**評量與評鑑**，而且，我們必須在變革方案的每個階段都應用這些方法：**啟動階段**——當教師們正在學習差異化教學並且準備好開始改變過程之時；**實施階段**——當教師們正在教室裡逐漸增加複雜度的應用差異化教學原則和做法之時；以及**制度化階段**——當教師持續進行差異化教學並且設法調整做得越來越好之時。在每個階段，重要的是我們必須採取三個層面或「三焦鏡頭」來評估進展，也就是要考量：

- **短焦鏡**：教師們對差異化教學改變所帶來的壓力，有何情緒上的反應，或他們對於變革方案的**情緒回應**（affective response）。
- **中焦鏡**：教師們在教學實務中，如何落實差異化教學的多種元素，或他們對於變革方案採取的**行為途徑**（behavioral approach）。
- **遠焦鏡**：每個班級、每間教室在邁向有效差異化教學的旅途上，學校的整體進展（progressing as a whole）是如何。

在接下來的篇幅中，我們將更細緻深入來看這三個層面。

領導者評量的是個別教師差異化教學的成長，還是學校整體的進展？

如同許多研究學校變革的專家已經說過的，對於標題上這個問題的答案是：「兩者都要！」（Hall, 1999; Hord & Roussin, 2013）個別教師的成長和整體學校的進展都是必須注意的，而且它們彼此之間會以多元的方式交互影響。

Gene Hall（1999）以實施橋梁（implementation bridge）的比喻來思考變革，Shirley Hord 和 Jim Roussin（2013）進一步延伸這個比喻，提出：我們尋求的通往變革的橋梁上，充滿了各式各樣的人，領導者必須以兩個面向來評估這座橋上每個人的行動。首先，身為領導者的我們，必須持續評量每個人對於變革的情緒反應（短焦鏡）和行為反應（中焦鏡），同時，我們也必須追蹤整個團隊在這座橋上到底前進了多少、整體進展了多少的距離（遠焦鏡）。在變革的三個階段裡，應該經常進行個別教師和整體團隊的評量，而且，我們從中獲得的有關教師情緒和行為改變的資料，應該是差異化教學（以及這座橋！）是否開始紮根、產生影響力的第一指標。簡言之，在實施差異化教學的過程中，首先會浮現的改變是成人身上可見的改變，這些改變是最重要的指標，說明差異化教學將要開始發揮改善學生學習的功能了。

這樣的進程強調的是為什麼需要發展與採用一個有系統、合乎邏輯的計畫，明定每隔一段時間就評量差異化教學做法的成長和深度，經常提供形成性與規劃性的資訊，同時也提供次數較不頻繁的評鑑性資訊，這些資訊都會以學生學習成就為探討焦點，但不會只侷限在學習成就上（Guskey, 2000）。如果這個計畫能夠納入整合三焦鏡頭——短焦、中焦

和遠焦，我們就會有穩定的資訊來源，能幫助我們持續調整和更正差異化教學實施計畫；這些資訊也能幫助我們追蹤差異化教學的效果，了解它對學生成長、教師成長、教師協作和家長滿意度的影響，以及它如何影響教學的其他重要面向，使得學校教學能對更多學生產生更好的幫助效益。

要為差異化教學這類理想遠大的變革方案規劃形成性和總結性評量，可以借用 Tom Guskey（2000）發展的一個很有用的架構，這個架構是建立在 Kirkpatrick（1959）評斷訓練方案價值的原創模式上。Guskey 的五層次專業發展評鑑模式是從簡單到複雜，從「手段」目標到「目的」目標，這個架構提供了理論基礎，來詮釋差異化教學變革如何可能發生，改變如何從反應進展到學習，再到改變組織結構來支持差異化教學，再進展到深層應用差異化教學做法，最後能達到顯著幫助提升學生學習成就的目標。關於我們可以如何評量所有「三焦鏡頭」，它同時也提供了深刻的見解和指引。

看看表 6.1 如何應用 Guskey 五層次專業發展評鑑模式來評估差異化教學方案。請注意這個模式背後的邏輯——每一層次產生的改變是如何支持、促進下一層次一系列的改變。請想像在差異化教學方案裡、在變革生命期程的三個階段裡，這五個層次會如何隨時間演進而發揮作用。

挖│掘│深│思

　　回顧表 6.1 裡的 Guskey 五層次專業發展評鑑模式。你如何看待每個層次與短焦鏡（情緒回應）、中焦鏡（行為途徑）和遠焦鏡（學校整體進展）之間的關係？對你們學校的差異化教學旅程而言，哪些評鑑層次看起來最有價值？

表 6.1 ▪ Guskey 五層次專業發展評鑑模式應用於差異化教學方案

評鑑層次	提問的問題	注意事項
層次一： 參與者的反應	• 他們對差異化教學方案覺得興奮嗎？ • 他們認為它會有用嗎？ • 他們關注它嗎？	評量反應是重要的，但它們只提供參與者目前對差異化教學方案是否滿意這一個指標。在決定如何改進後續實施計畫上，反應是有用的資訊。
層次二： 參與者的學習	• 他們正在學習以前不知道的事物嗎？ • 他們正在習得以前沒有的技能嗎？	評估學習狀況是很寶貴的資訊。領導者的理論是，如果教師們正在學習新知識和技能，就有可能會想在教室裡運用。
層次三： 組織的支持與改變	• 學校是否有所改變，以支持差異化教學？ • 學校氛圍是否轉變成一種願意冒險的氛圍？ • 是否正在面對和處理實施上的各類問題？	蒐集層次三的評量資料，是為了判斷整個學校組織和每間教室對差異化教學要求必須產生的改變究竟有何回應。
層次四： 參與者應用學到的新知能	• 參與者是否開始應用他們學到的新知識和技能？	當學校決定現在是評量教師們是否實際應用新知能的適當時機時，這就是實施過程的「黃金轉捩點」。
層次五： 學生學習結果	• 對學生的影響是什麼？ • 學生的行為表現是否因為這些努力作為而有不同？	層次五始於測量「目的」目標是否達成──也就是，差異化教學方案的整體影響力。

▎將評鑑層次融入啟動、實施和制度化階段

Guskey 的層次提供一個有用的系統來規劃差異化教學方案，以及預期這個方案在生命期程當中會如何演進發展，當組織和教室的改變先發生，而後學生成就也產生重大改變。

剛剛起步：啟動階段

當教師處於方案工作的「做準備」階段，眾人也還沒普遍認為要開始具體實施之時，理所當然要先參考 Guskey 五層次專業發展評鑑模式的第一層次——參與者的反應——作為指引。

評估教職員對於改變的反應和情緒回應，讓領導者有一些跡象去了解教師們如何嘗試調適自己對於「上級期望他們達成的改變的認知」以及對於「自己是否有能力達到這些要求的感受」之間的矛盾落差。因為在差異化教學方案一開始發生的專業發展，可能會產生一些強烈反對改變的意見，所以洞燭機先的領導者，即使是在幫助教師們發展知識、理解和技能，引導他們提升差異化教學的能力和自信的過程中，也必然會想了解這些反對意見，並且幫助教師們逐步解決這些疑惑。

對改變的情緒反應的評量方法有很多種，包含問卷調查、出場卡、焦點團體、訪談和個人札記，但也不限於這些方法。這些方法使用的問題，應該聚焦在教師們對於差異化教學的感受和認知、興奮或憂慮的程度，以及預期這項變革會帶來什麼樣的好處。評量認知和情意反應很重要的方式，是把焦點放在教師們思考差異化教學的種種期望時，他們心裡產生的**擔心或憂慮**。我們建議使用第四章表 4.3 的「憂慮階段」（Hall & Hord, 2001），來評估教師們對差異化教學的反應。有一個相當快速有效評估這些擔心憂慮的方法，通稱為「單腳站立訪談法」（one-legged interview），基本上，這是領導者和個別教師之間一對一、非常簡短（不

超過一個人可以單腳站立的時間）的非正式對話，在其中，教師誠實說出他（她）認為這個方案怎麼樣、有什麼樣的問題，領導者不做筆記的仔細聆聽，重述教師的想法並且提出進一步澄清的問題，以了解教師真實的認知。在這一、兩分鐘裡面，可以得知許多東西。我們很喜歡使用的一個問題，像是這樣：「當你想到這所學校的差異化教學方案，以及我們提出來的實施計畫的時候，你最擔心的是什麼？你有什麼擔憂？」在 Guskey 的五層次架構裡，這是層次一的問題，重點放在反應和認知。

如果經常使用單腳站立訪談法的話，領導者可以從變革方案的開始，一直到差異化教學的完全落實，持續抽查教師的反應。很重要的是，請注意這個問題的「負面措辭」是故意的，這是快速讓教師直接說出他（她）的憂慮的方式。如果我們問的是：「哪些方面進行得很順利？」我們可能得不到評估情緒反應所需要的那種資訊。此外，提出這種負面措辭的問題，實際上會建立跟這位教師之間的信任感，表現出一種透明、公開的態度，以及想要了解他（她）的觀點的真心誠意。教師們表達出來的擔心或憂慮可能可以分成幾種型態，能夠為領導者指出處理這些憂慮需要的回應作為，好讓教師們能夠繼續往前改變他們的教學工作。回想一下第四章提到的高中校長班耐特，她善於敏銳的評估學校教師對差異化教學的反應，如同前面說過的，她會請他們列出對於差異化教學的擔憂，並且在離開會場時把這份清單交給她。我們繼續來看班耐特校長的故事，了解她最近的評量做法。

班耐特校長的單腳站立訪談

在評量差異化教學的進展時，班耐特校長把重點放在三焦鏡頭的第一個面向，因此她設定了一星期執行 15 到 18 次單腳站立訪談的目標。她跟教師們在走廊相遇、在工作間碰面，並且利用一、兩分鐘的時間跟她在大

辦公室裡看到的教師們交談。在每次的訪談中，她都問同樣的問題：「當你想到我們現在試著達成的差異化教學方案，當你開始在教室裡實施差異化教學做法的時候，你還有什麼憂慮？你最迫切、最擔心的是什麼？」

　　透過對話和追問，班耐特校長發現大部分已經開始運用差異化教學的教師都擔心規劃設計多元教學活動的時間不足，也憂慮他們正在失去寶貴的教學時間。事實上，大約 80% 的反應都集中在這個「管理」階段的憂慮。班耐特校長體認到兩件事：教師們絕對已經開始實施差異化教學，而且他們在實施上開始出現問題。對班耐特校長來說，這是挺好的消息，表示普遍而言，教師們已經從**考慮**差異化教學走到了有意義的**實際運用**差異化教學。她跟她的領導團隊分享這些訪談的結果，並且共同商討解決策略，來處理教師們的管理憂慮。

　　班耐特校長利用單腳站立訪談法，有策略的評估教師們的進展，了解他們在首次跨出差異化教學嘗試的同時，對於變革方案有什麼樣的反應。然而，在這個啟動階段，我們可能也會想要了解教師們從差異化教學方案學到什麼（Guskey 架構的層次二），以及在學校和教室層級有哪些結構或組織性的改變正在發生（層次三），以支持差異化的教學做法。請記住，在啟動階段，學校裡的成人還在學習差異化教學是什麼，學習的主要來源是透過專業發展。在啟動階段，我們必須根據理論來運作：如果教師正在學習差異化教學，而且他們的學習是正向的，那麼他們對於在自己教室裡嘗試新的教學方法會覺得舒服自在。所以，評量教師差異化教學的新學習，就是一個可以用來預期後來結果的早期指標。

　　在啟動階段，我們要開始判斷、決定學校或教室的結構是否有任何需要改變的地方，以配合預備規劃實施的差異化教學做法，並且更有效的管理和支持教與學的改變。比如：新的日程表安排是否試過了？團隊規劃的

時間是否增加了？資源以及資源分配是否改變了（Guskey, 2000）？整合層次一反應和層次二學習改變的評估資料，層次三組織結構改變的評估結果與發現讓我們開始逐漸理解：是否有絕佳的機會可以在學校裡有效又深入的實施差異化教學方案？形成性評量所得到的洞見也進一步建議我們可以做出某些調整，以及可以深化學習、降低焦慮或支持改變的可能方式。

　　表 6.2 概觀啟動階段適用的方案評量和評鑑的方法。雖然我們在這一節分享的案例主要焦點是放在變革最初開始的時期，不過，持續監控教師們對變革的反應、是否擁有實施變革所需要的知識，以及能夠支持教師更深入進行差異化教學工作的組織結構，是有益的。

挺進工作：實施階段

　　當許多教師正在「過橋」走向實際嘗試差異化教學做法的時間點，對領導者而言，這代表的是一個偉大的時刻。以往有關差異化教學的對話只集中在它的目的和關鍵要素，現在擴展到包含如何讓它有效運作的話題了。在啟動階段的初期，領導者可能會覺得自己的聲音是全校唯一在提倡差異化教學的聲音，然而，到了實施階段，我們開始感覺到：在倡導變革的路上，我們有了夥伴。

　　雖然，在任何方案裡（包含差異化教學方案），分析和解決疑難問題通常充滿重重挑戰，但對領導者的耳朵來說，當對話從「是的，但是_____」改變成「我們要怎麼_____」時，這些聲音宛如天籟。教師們停止辯解差異化教學為什麼沒有用，而開始試著搞清楚要怎麼樣讓它有用，這代表著以抗拒為主的談話逐漸改變成目的性的問題解決。此外，在實施階段，我們正積極主動的建立第二層的變革推動促進者——教師們組成了「一群關鍵的（教師）領導者，由校長所領導，共同致力於建立一種持續學習的文化」（Sharratt & Fullan, 2012, p. 173）。確實，「達到實施階段這件事，可能會讓我們太過興奮，以至於變得盲目、忽略

表 6.2 ▪ 啟動階段適用的方案評量策略

評鑑目標層次	提問的問題	可能的策略
層次一： 教師的反應	• 他們對差異化教學方案覺得興奮嗎？ • 他們認為它會有用嗎？ • 他們關注它嗎？	• 單腳站立訪談法，評估擔心或憂慮 • 走出門的出場卡 • 訪談 • 焦點團體
層次二： 教師的學習	• 他們正在學習以前不知道的事物嗎？ • 他們正在習得以前沒有的技能嗎？	• 在研習訓練之前和之後的問卷調查 • 訪談 • 走出門的出場卡 • 焦點團體 • 非正式的對話
層次三： 組織的支持與改變	• 學校是否有所改變，以支持差異化教學？ • 學校氛圍是否轉變成一種願意冒險的氛圍？ • 教師是否調整他們教室的結構來順應改變？ • 是否正在面對和處理實施上的各類問題？	• 教室觀察教學改變 • 教師訪談 • 焦點團體 • 問卷調查 • 走出門的出場卡

了這個真理：事實上，實施並不是變革方案的目的，它只是達成目的的手段工具，真正的目的是讓學生受益。」（Tomlinson et al., 2008, p. 109）實施並不是我們的終點目的地，但它是旅程當中非常重要且振奮人心的階段。

在實施階段，經常性的使用層次一到三的評估方法（包括執行單腳站立訪談法，看看老師們對差異化教學的反應有什麼改變）還是很有幫助的，不過，如果我們也運用層次四到層次五的方法，來評估差異化教學的**影響力**，我們可以發現更多的好處。還記得嗎？隨著實施階段繼續往前進，很容易犯的錯誤是把差異化教學方案的有效性，視為等同於教師們正在做他們稱之為差異化教學的東西。更好的評量方式是檢視這些老師們正在做的事情，有多少程度是忠實的落實一個健全的模式。他們是真正「擁有」、而不是「借用」構成差異化教學的哲學理念、原則和做法嗎？在改變的這個階段，身為領導者，我們的焦點是判斷和研究差異化教學做法在教室裡的實施程度與範圍，從機械式的反應到複雜或精緻化的教學做法，是否顯示在教師的行為越來越直覺化，並且對學生產生影響力（Hall & Hord, 2001）。

要評量教室裡的教學做法（層次四），有一個很明顯的選擇：運用某種形式的教室觀察，能夠協助蒐集基線的資料，幫助我們判斷和決定「教師的教室裡有多少程度顯現出差異化教學關鍵指標（例如：教師跟學生之間的連結關係；既安全又有挑戰性的學習環境；一種教室團體歸屬感；清楚的課程目標；用來促進教學的持續性評量；關注學生準備度、興趣和學習風格的多元差異；教師和學生共享有效教室觀察的責任……等等）」（Tomlinson et al., 2008, p. 113）。在教室裡觀察差異化教學做法，並且記錄這些基線型的資料，可能需要一些特別設計的教室走查（walkthrough）工具或表格，此外，我們也想分析州政府或學區要求的觀察工具（通常是為了符合契約、升遷或職位任期之要求），來判斷這些工具有哪些方面可以針對今年度改變計畫裡強調的差異化教學面向進行觀察評估。舉例來說，在變革方案的某一年，年度改變計畫的重點是發展教師自創的形成性評量方法，能夠緊密結合 KUDs，而且教師也能用來改善調整日常教學規劃。開誠布公的學校領導者會讓教師們知道，在規律安排的教室觀察中，

他（她）將會特別注意那些官方要求的評鑑表格裡跟形成性評量有關的指標。

　　請記住，全校性差異化教學變革方案實施階段的目的，是逐漸增加教師們能夠在教室裡健全應用差異化教學做法的程度，以及最後檢驗差異化教學對學生所產生的影響。當我們運用教室觀察的工具來蒐集教學實務應用的相關資訊，我們也會因此而特別注意到實施的品質——從機械化的反應變成更複雜的、更有意義的教學做法。這樣的關注焦點代表著一種改變，從啟動階段普遍常見的強調評估教師的「反應」，改變成重視「大量的證據」，以顯示教師們是如何回應差異化教學對於創造有效因材施教的教室的要求。在這個節骨眼，特別有用的是表 5.1 的「差異化教學生手到專家檢核量表」，它具體描繪出教師在應用差異化教學的原則和做法的過程中，一般教師成長的方向。雖然這個檢核量表原先並非用來當作正式的教室觀察工具或檢核表，但是當領導者跟教師一起探討分析教學實務時，它提供了有效的指引來做持續、非正式的對話，而這樣的對話也會讓教師更清晰了解有效差異化教學的本質。這個檢核量表也有助於了解個別教師、團體教師和整體教職員對於特定專業學習經驗的需求。

實施階段運用差異化教學檢核量表的一些策略

- 在教職員會議中，運用檢核量表的某些部分來強調差異化教學的一個關鍵面向，說明在這個關鍵面向裡從生手發展到專家有哪些方法，讓教師們參與討論在這個面向他們需要什麼才能往前邁進。運用這些資訊來幫助教師們設定他們自己的下一步目標，並且建立中途的支持和指引。

- 在校本專業發展活動中，以這個檢核量表為主題，觀看一位教師在教室裡實施差異化教學的影片。請教師們一邊看影片，一邊尋找檢核表裡一個關鍵要素的種種面向。提問和討論這些如何應用在他們

自己的實務教學當中。

* 跟教師們進行簡短、一對一的對話時，請他們看著檢核量表，依照目前自己的課堂教學做法，說說「他們現在在哪個位置」。

在實施階段，「手段」目標的分析，開始轉變成更多「目的」目標的分析。換言之，隨著實施的進展，教師教學實務做法的習慣改變應該會變得越來越明顯，而且對學生的正向影響也會跟著變得越來越明顯。這樣的轉變顯示需要檢驗評估層次五對學生的影響了。

實質上，我們進行全校性差異化教學方案，是希望透過關注學生們多元的準備度、興趣、學習方法、文化、語言等等的差異，大大的拓展因材施教的教學方式，好好培育學生。層次五的評估涉及的是許多教育者認為教師專業發展的最終極目標──讓學生的學習變得更好，而且它讓我們聚焦在這三個類別的學生學習結果（Guskey, 2000）：

* 學生的**認知結果**，包含諸如知識、技能、能力和理解的學業成就，這個類別可以顯示學生在達成預定學習目標（KUDs）上有多少的成長，或是否超越目標。
* 學生的**情意結果**，包含學生因為實施差異化教學而養成的態度、信念、情感或品格。
* 學生的**心理動作能力結果**，包含學生參與課堂討論的頻率增加了多少、他們參與小組任務的品質，以及行為紀律或出席率的改善、更能堅持完成家庭作業……等等的行為結果。

這三個類別的學生學習結果，可以透過許多方法來蒐集，而且我們希望可以跟教師們合作，一起來蒐集大家普遍了解的認知測量資料，如標準化測驗、學力標準測驗、表現任務和學習檔案，以及教師另外產製的證據，特別能夠激發教師與教師之間對話、討論個別學生的進展情形。

總之，方案工作的實施階段，提供了豐厚的沃土來評估差異化教學的進展。雖然啟動階段的重點是放在教師的知識成長、對變革方案的反應和促成改變的組織支持，但實施階段的重點轉移到「最終之戰」（end game），包含教師行為的持久改變和學生的學習結果。在實施階段，領導者和領導團隊除了繼續運用層次一、二、三的評量，也再增加層次四和五的評量，來持續深入的探討差異化教學對教師教學實務和學生學習結果的影響。教師和領導者可以應用「差異化教學生手到專家檢核量表」這類的工具，或結合官方要求的評鑑表格來進行教室觀察和對話這樣的策略，檢驗差異化教學對學生產生的認知、情意和心理動作能力的影響。

實施階段將會持續好幾年密集、聚焦的工作期程，在革命性的結果出現之前，它的過程是逐漸演化的，所以在這個階段，必須以循環遞迴的方式運用適宜的評量與評鑑工具策略（見表 6.3），不斷快照記錄學校的進展，讓它朝著有效關照學生多元差異的教學做法，產生持續深入、潛移默化的改變。

深植其中：制度化階段

差異化教學方案進入實施階段，對教師、家長和學生來說，代表著差異化教學的原則和做法已經成功的交織到學校的情境脈絡當中。這個階段很清楚的傳達出這個訊息：「差異化教學是我們這裡進行學校教育的方式。」

不過，對學校領導者來說，制度化階段可能會帶來另一種挑戰，當學校持續將差異化教學深植到日常教學工作當中，有一個危險是教師可能會認為這件事變得比較不那麼重要，因為對於改變的討論日漸減少。這樣的認定可能會導致資源、專業發展支持乃至最終實施的逐漸削減，因此，我們必須持續保持警戒，並且注意有哪些情境條件需要繼續發生才能支持差異化教學，即使有關差異化教學改變的對話討論已逐漸減少。

表 6.3 ▪ 實施階段的方案評量策略

評鑑目標層次	提問的問題	可能的策略
層次一： 教師的反應	• 他們仍對差異化教學方案覺得興奮嗎？ • 他們發現它有用嗎？ • 在運用上還有什麼擔憂？	• 單腳站立訪談法，評估擔心或憂慮 • 走出門的出場卡 • 訪談　• 焦點團體
層次二： 教師的學習	• 他們正在學習以前不知道的事物嗎？ • 他們正在習得以前沒有的技能嗎？	• 在研習訓練之前和之後的問卷調查 • 訪談　• 出場卡 • 焦點團體　• 非正式對話
層次三： 組織的支持與改變	• 學校是否有所改變，以支持差異化教學？ • 學校氛圍是否支持冒險？ • 教師是否調整他們教室的結構來順應改變？ • 是否面對和處理實施上的各類問題？	• 教室觀察教學改變 • 教師訪談 • 焦點團體 • 問卷調查 • 出場卡
層次四： 教師應用所學	• 教師是否開始運用新知識和技能？ • 教師運用差異化教學做法的程度如何？	• 應用差異化教學檢核量表 • 教室觀察工具 • 訪談　• 調查 • 焦點團體　• 實施札記 • 教師教學檔案 • 教師團隊會議紀錄
層次五： 對學生的影響	• 對學生的主要影響是什麼？ • 因為差異化教學的努力，學生的行為表現有何不同嗎？ • 對學生的其他影響是什麼？	• 標準化測驗 • 學力指標測驗 • 教師自編測驗 • 學校紀錄　• 學生訪談 • 學生學習檔案 • 學生問卷　• 學生調查

總而言之，制度化階段——深植在學校裡的持續性差異化教學——有賴三個因素：

- 透過政策、修訂版願景聲明、經費、行事曆規劃⋯⋯等等，差異化教學已經紮實的在學校裡生根。
- 差異化教學方案已經產生關鍵的一群「第二序改變促進者」——具有高度知能且奉獻投入差異化教學實務的教師。
- 差異化教學方案有提供持續的協助，比如：持續不斷的專業發展、一小群教師在協助剛進學校的新教師⋯⋯等等（Huberman & Miles, 1984）。

制度化階段要求我們必須與領導團隊持續施力在這三個元素上。當許多老師已經跨過實施橋梁，教學上也經常留意學生差異、高度忠誠的落實這個模式（具體展現表 5.1「差異化教學生手到專家檢核量表」的專家指標），而且這些複雜細緻的教學做法對學生產生正向學習結果的影響，我們的優先重點就要轉變到創造結構、資源和支持系統，以確保這些差異化教學做法能夠長久維持下去。

即使是在制度化階段，我們都應該持續運用 Guskey 層次一到層次五的各種評量方式。即使在這個進階階段，我們還是要定期且策略性的評估教師對差異化教學方案的反應（層次一），另外也很重要的是檢視教師更進階的實施差異化教學做法是否持續提升教師自己的學習（層次二）。在我們檢視支持差異化教學持續施行的政策、規範、行事曆安排、文化面向、專業發展和相關資源（層次三）時，我們可以針對這個階段的需求來調整所有這些元素。

如前所述，層次一到三評估的是「手段」目標。制度化階段也要求定期、深究式的檢視「目的」目標——差異化教學在教室裡如何運作（層次四），以及對學生的各種影響（層次五）。當差異化教學越來越成為「我

們這裡做事的方式」之一部分時，隨時檢視層次四和五的評估也變得越來越重要，才能創造出一個長期圖像，具體了解差異化教學是如何持續塑造、影響學生和教師的教學結果。

▍整合學校評量與評鑑，創造影響力剪貼簿

「那麼，你學校裡的差異化教學進行得如何？」

想像你的上級督學剛剛問了你這個問題，它似乎挺簡單的，但需要深思熟慮的回答。實際上，你的上級督學想知道的，可以總結成四個關鍵問題：

差異化教學「進行得如何？」的四個關鍵問題

1. 差異化教學方案現在的位置在哪裡？啟動階段、實施階段，還是制度化階段？
2. 你怎麼知道？
3. 你蒐集到什麼證據來做示例說明？
4. 你在整個評量過程中，學習到哪些東西？如何運用這些學習所得來支持、提升教師對差異化教學的專精度？

為了讓差異化教學深深植入教室教學實務之中，這些問題是我們身為學校領導者的人，在持續引導「如何」做差異化教學的過程中，必須不斷重複反問自己的。在每天每日實施全校性差異化教學，並且為陸續冒出的議題尋求解決之道的過程中，我們和我們的領導團隊必須時時思考這四個問題——它們也捕捉到了這一章的重要本質。這些問題的答案並沒有比這些問題更簡單，要找到答案，我們必須蒐集和分析最適切的資訊，了解對教師、學校和學生的影響。我們必須持續、經常的討論「我們現在位於差

異化教學方案的哪裡」，而且要以各式各樣不斷變化的資訊作為闡述說明的依據。

　　在探討評量時，Wiggins 和 McTighe（2005）特別提醒，完善的評量做法會導引你去蒐集一整本的證據剪貼簿，而不是一、兩張或幾張快照。我們同意這樣的說法。如果我們真的認真想要了解差異化教學的成長，以及差異化教學對教師、學校和學生的影響，我們就要勤奮用心、持續不斷、堅持不懈的運用三焦點鏡頭來評估：(1) 教師對於改變方案的情意反應；(2) 教師對於改變方案的行為取向；以及 (3) 學校整體朝向「差異化教學成為教室教學核心」的進展情形。

　　思考差異化教學變革方案生命期程的三個階段（啟動、實施和制度化階段），結合 Guskey 專業發展評鑑五層次的指引，可以創造出有邏輯、系統化的三焦點鏡頭來看待改變的過程，評鑑差異化教學最終的影響效果。它幫助我們運用我們正在學習的知能來調整全校性的差異化教學計畫和支持資源，以確保差異化教學做法的持久性及其影響的深入度。領導者若未能注意到某些實施做法是否真的造成教學上的改變，那麼他（她）通常不會花太多心力去關注這些做法。我們的經驗讓我們做出這樣的結論：完善的形成性評量確實是一種催化劑，能夠激發全校更有動能的朝向高品質的差異化教學前進，對於學生和教師都有正向的結果。

培養領導能力

　　當你在發展實施差異化教學的相關努力作為時，想想在底下這些概念上，你目前的狀態是如何。不管你身處差異化教學旅程的哪個位置，花一些時間想一想你目前有什麼進展，並且擬定蒐集資訊的計畫，以說明這些進展。

❑ 我了解也能解釋「評量」學校進展和「評鑑」學校進展之間的差別，以及兩者所扮演的不同角色。

❑ 我運用一個值得信賴的評鑑架構，來找到預測改變會如何進行的理論，以及評估學校邁向這些改變的進展情形。

❑ 我練習運用三焦點鏡頭的方法，評量差異化教學對教師和學生造成的影響。

❑ 我運用「差異化教學生手到專家檢核量表」，把焦點放在教師們如何在教室裡運用差異化教學的原則和做法。

❑ 我策略性的運用單腳站立訪談法跟教師對話，評量他們對變革方案的情緒或情意反應，以及他們對變革方案採取的方法。

第 **7** 章

關注沿途出現的抗拒

1969 年一月號的《哈佛商業評論》期刊，有一篇名為〈如何處理對變革的抗拒〉（Lawrence, 1969）的文章，從文章內容跟當今現況的關聯性來看，它彷彿就像是昨天才寫的。這篇文章探討造成最大困擾混亂的問題之一，也是至今仍然存在的問題，就是那看來似乎不合邏輯、不理性的抗拒，而且實際上，不管針對哪種變革方案，人們都會出現這種抗拒。

至於差異化教學方案，正如我們在第一章所描述的，看起來一點也不會不合邏輯。差異化教學是滿足現今學校裡最迫切的一些需求的一種方式。在後續的幾章裡面，我們分享了關於如何領導差異化教學的見解，這項工作對領導者和教師來說，都可能是極大的挑戰，但我們是有一套方法學可以做到的。不過呢，就像我們在一個接一個學校和一個接一個學區看到的，就算領導者非常強調差異化教學包含「什麼」關鍵要素，並且有步驟的建立教師們「如何做」的必要知識，他們仍然會遇到抗拒的力量。

有一本書叫《如何擁抱一隻豪豬》（*How to Hug a Porcupine*; Ellis, 2009），它以幽默的手法來說明因為教師抗拒而出現的真實兩難困境。Ellis 提及我們生活中的「人類豪豬」，並且說「不管你是在哪兒遇到一隻豪豬，不管你是第一次遇見他，或是已經認識她好幾年了，如果你的後口袋裡裝有一些可靠的策略，都可能會在這個世界造成完全不同的結果。身邊擁有知識和正確態度的話，你不僅能夠化險為夷、從糟糕的處境找

出最好的出路，而且，隨著實際的練習，也將學會如何避開痛點。」（p. 11）我們同意她的說法。本章探討的是人們在差異化教學方案進行的過程中，可預期會出現的抗拒反應，雖然我們沒辦法給出一個讓所有抗拒完全消失的配方公式，但基於過往的經驗和知識，我們可以提供如何預備與處理抗拒的深刻見解。是的，抗拒可能無法避免——但很幸運的，它是有辦法處理、解決的。

▌差異化教學的領導者應該在何時預期抗拒出現？

在第二章，我們詳細描述了差異化教學方案的生命期程，從啟動階段（剛開始這項工作）到實施階段（「實作」差異化教學並且逐漸變得真的很專精）以及制度化階段（確保它的持續性和長久性）。雖然，抗拒可能會在任何一個階段探出頭來，但它通常會出現在變革方案的實施階段初期。這段時間的抗拒往往是有其意義的。當一所學校才剛開始朝差異化教學前進，每個人都在談論它，教師專業發展也是以它為焦點，大家普遍會有一種能量繞著這個主題發展，即使那些可能對它持保留態度的人也是一樣。然而，隨著實施階段開始，教師們努力在弄清楚他們必須如何改變原來舒適的行事習慣，才能融入差異化教學的原則和做法；同時，他們也被鼓勵要勇敢冒險，在往前進時，他們可能會遇到問題。實質上，我們先前提過的實施落差，就是一種對於差異化教學的信心落差。簡單來說，教師們可能發現差異化教學的「實作」比他們預期的困難得多，而領導者的確可能會開始遇到教師們對差異化教學的整體概念以及必須持續實施它的想法產生反感和抗拒，一直到這些問題得到解決為止。

在初期的日子裡，教師對於實施階段的抗拒可能很明顯，比如，出現在我們第五、六章所提倡的對話類型當中。有用的單腳站立訪談對話可以幫助領導者了解教師們對於變革方案的情緒反應，舉例來說，一位教師向

你說明他對差異化教學的憂慮，擔心備課所需要的時間會佔掉他私人生活的時間，這暗示著如果這些問題沒有被解決的話，他可能不會想要再嘗試差異化教學的做法。此外，當我們跟教師們對話討論差異化教學檢核量表（見表 5.1，第 120-121 頁），以分析他們目前在這項工作的哪個位置，我們可能發現某位教師還處於生手階段，雖然他（她）已經進入第三年的工作期了。同樣的，觀察和對話可能顯示，事實上這位教師抗拒、不願意繼續發展成為專精熟練的差異化教學實踐者。持續的跟教師們對話討論，會幫助領導者找出個別教師的擔憂以及整體教職員共有的憂慮類型。

我們來回想第五章介紹過的詹姆士・布魯克斯校長的經驗，看看他如何了解教師們對於差異化教學的抗拒類型。

了解教師發展抗拒的暗示

北方小學的差異化教學方案工作進入第二個學年，布魯克斯校長認為學校現在處於實施階段的初期，他已經在學校裡建立了對話的文化，因此，對他來說，以「差異化教學進行得如何？」作為對教師的問候開場並進行快速訪談，是普遍常做的事情。他很清楚的知道，雖然許多教師還是很投入這項工作，但進入方案第二學年的十一月，已經有幾位教師承認他們在管理、執行差異化教學上有困難——出現了一些問題，比如課務行事安排、時間、環境布置、教學素材、學生動線問題，以及當學生們從事不同的工作時，要如何監督學生的進展。

這個秋季，布魯克斯校長訪談的教師裡，有三位教師對這項變革方案出現了嚴重的問題。在跟他們的對話當中，他發現這三位教師都覺得自己並沒有準備好，他們不確定自己能夠依照預期的那般實施差異化教學，他們解釋而且也都表達了對於「差異化教學是否真的能夠對學生造成不同」有某種程度的懷疑。

　　對於受訪教師裡只有大約四分之一的人顯現出對變革方案的抗拒，布魯克斯校長頗為滿意，不過他更高興能夠知道他們的問題是什麼，而且有信心自己能夠處理這些問題。他想要幫助所有教師發展出他們所需要的能力和自信，好讓他們能夠在教室裡有效的處理學生的多元差異——並且在他們的工作中獲得一種驕傲和滿足感。

　　這個案例暗示著領導者在領導差異化教學變革方案時面臨的兩難困境的複雜性。布魯克斯校長的對話顯示出好消息和壞消息，好消息是大多數北方小學的老師都已經深入差異化教學的實踐當中；壞消息是有些人正在苦苦掙扎，到了想要拒絕改變的地步。雖然他知道抗拒是預料之中的事，但他也知道可以做些事情來處理他開始看到的抗拒。而這麼做的時候，他知道自己可以讓他重視的同事們生活得好一點，也可以讓他和同事們服務的學生生活得好一點。

▌關於對變革的抗拒，我們知道些什麼？

　　在開始探究對差異化教學方案的抗拒之前，先來廣泛的看看人們對於變革的抗拒，以及它為什麼會讓我們夜裡失眠、擔心那些抗拒反對的個人和我們自己的領導能力，會有所幫助和啟發。我們知道的第一件事情是，職場上的變革是複雜的，它有技術性的層面也有社會性的層面，這裡有一篇幾十年前《哈佛商業評論》的文章，它的解釋在今日看來仍舊無比精準：「變革的**技術性**層面是在工作的物理性行事安排上做出可測量的調整，而變革的**社會性**層面指的是受到變革影響的人們是如何思考這項變革將會怎麼樣改變他們在這個組織裡已經建立的相互關係。」（Lawrence, 1969, p. 4）同樣的，Powell 和 Kusuma-Powell（2015）這兩位長期帶領學

校進行改革歷程的教育者，也談到「變革的調適層面，它需要『轉化型學習』，這種學習會導致我們重新思考自己深深持有的價值觀、信念、假設，甚至是我們的專業理想性」（p. 67）。這些作者認為，變革的社會性層面跟其他的因素交織在一起，常常讓它變成更難以克服的障礙。

變革的技術性層面以及同一變革複雜的社會性層面，會相互滋養並助燃外顯的抗拒。舉例來說，如果教師們要開始以深入且細緻的方式來實施差異化教學，他們就必須要發展新的知識、技能和理解。清楚理解差異化教學背後邏輯的教師，對於這項變革的技術性層面以及它所需要的種種調整，可能比較少反對，或處理起來比較沒有困難。但如果同樣這批教師在被引介、認識差異化教學的時候，感覺它威脅到他們的社會立場或學校目前穩固、可預期的社會結構，他們可能一點都不想參與這個方案。觸發人們抗拒的，就是這變革的社會性層面，即使人們並不反對其技術性層面。以下的例子來自我們的經驗。

變革技術性層面與社會性層面的衝突

整體而言，山景國中展現出一種合作精神、濃厚的人際關係，也願意一起探討想法和共同解決問題。校方鼓勵教師們反思他們的教學工作，持續追求進步。隨著時間變遷，山景國中見證了學生人口上的改變，現在有越來越多是以英語為第二語言的學生，還有許多學生有特殊教育的需求。

羅柏絲校長很擔心她的學校逐漸失去優勢，沒辦法有效回應學校學生多元的需求。她和領導團隊已經研究過差異化教學，並且認為深入探討差異化教學以及長期實施差異化教學做法，是山景國中需要的解決策略的一部分。他們急切的想推動差異化教學，所以快速召集了一個教職員會議來啟動這個變革方案。在會議中，羅柏絲校長謹慎的選用適當的措辭來介紹有關差異化教學的想法。

　　然而，教師們的反應並不如領導團隊預期的那麼熱烈擁抱差異化教學。許多教師抱怨這個會議進行的方式，抗議它的基本論調——他們說它比較像教條灌輸或業務員的推銷，而不像他們學校固有合作文化那樣進行探討或對話。其他人感覺自己受到侮辱，這個差異化教學方案是在指責他們這些年來的所作所為「全盤皆錯」嗎？學校是在怪罪他們現在不夠關心他們的學生？或者，他們不夠關心每一個孩子的成就？

　　這個山景國中的簡短例子，突顯出變革方案的技術性層面和社會性層面之間的關係。這些教師對自己的能力有自信，以往也都享有一種教學工作上的自主性，因此，推動全校性差異化教學的想法，就算他們看懂其中的邏輯道理，也會覺得它暗示著一種令人不舒服的改變——教師們對待彼此的方式會改變，（有些人認為）校長跟他們之間的關係也會改變。更重要的是，突然在這個場合，校長看起來似乎像在告知他們如何「正確的」做事。教師們在那個教職員會議裡感受到的關於學校即將改變的基本流程和調性氛圍，持續困擾山景國中好幾個月，在差異化教學方案真正開始之前，造成了破壞性的威脅。

　　山景國中的例子提醒我們，很多人以為像差異化教學這樣的變革方案，只是技術性的改變。Powell 和 Kusuma-Powell（2015）指出，這種方式會讓我們盲目到看不見這個變革方案可能會引發教職員——以及領導者——在工作、學習和生活上的全面改變。這個變革方案可能會影響組織內每個人的地位，這是最讓人不安的部分。在一所推動差異化教學的學校裡，那些以往總是被視為卓然有成的教師，現在可能發現自己不安的感受到變革裡隱含的訊息：他們使用的教學技術和做法，實際上並非那麼有效。這種專業地位的喪失，會在學校裡引起額外的不安與失衡，種下抗拒的種子，並且損害同事的情誼。當教師發現他們腳下的立足之地以這種方

式劇烈改變時，自然而然就會透過「我們過去總是這樣做的方式」來尋求穩定安全感。

　　變革的技術性層面也會引起抗拒。差異化教學的推動方案要求教師們必須發展新的知識、理解和專精能力，處理執行這項工作的人應該受到鼓勵去實驗嘗試，採用最適合他們目前的知識、理解和技能程度的方法。當他們逐漸前進、深入差異化教學時，當然會發現自己的知能準備度出現其他的落差，而每一種落差都會給領導者帶來挑戰。如果沒有提前預料到這些準備度的問題並提供必要的支持，教師就會把這些應該視為持續成長的機會看成困難阻礙。更糟糕的是，變革的技術性層面可能會實際造成某些教師陷入一種錯誤的覺知，相信自己已具備足夠的能力可以滿足學生的學習需求。因為對差異化教學的專精度沒有持續成長的跡象，教師們很容易就認為「我現在已經在進行那種教學模式了」（Fullan, 2007）。

　　就如我們先前提示過的，成功的變革管理要求領導者密切注意變革的技術性層面和社會性層面。Lawrence（1969）提出這個觀點：「可能在變革裡會出現某些技術性不完美之處，很快就能改正。更有可能，這項變革會威脅和打亂執行工作時某些行之有年的社會性組織安排。不管這個麻煩問題是容易或難以修正，至少管理階層知道自己是在處理哪個層面的問題。」（p. 8）

▌抗拒的問題有部分是我們自己的錯誤嗎？

　　我們很少有人會樂於遭遇抗拒的問題，不過我們能夠也確實應該從中學到很多。睿智的領導者會走近抗拒、深入抗拒，而不是遠遠的保持距離。他們會想辦法了解抗拒，好讓他們可以創造更有效的支持系統和工作環境，來建立教師的知能、自信心及同事合作關係。當事情進行得不順利──而這是偶爾會出現的狀況──卻不去仔細聆聽抱怨者明示暗示的麻

煩點，這是不智的行為。領導者如果期望教師會持續評量學生學習進行得如何，並且依據評量所顯示的結果來調整他們的教學，那麼，他們在領導變革方案時，也必須把這個相同的原則應用在自己身上。這意味著，持續的評量以觀察教師們在差異化教學的學習進行得如何，並且依據評量所顯示的結果來調整教師專業發展與支持計畫。詢問抗拒者的意見並聆聽他們的擔憂，能夠提供珍貴的形成性評量資訊，了解他們在接受、理解和實施差異化教學上的進展。領導者若轉頭不理這些人對差異化教學的不滿，可能會導致這個方案在此學校無疾而終。

　　如果領導方案的人擁有「固定型」心態（Dweck, 2006），那麼忽略或壓制抗拒的傾向會變得更嚴重。那些固定型心態取向的領導者，至少會以兩種方式阻礙變革前進的動力。擁有固定型心態的人往往重視「外表看起來聰明」更甚於實質的學習。身為領導者，我們可能會覺得抗拒者沒有支持、採納差異化教學的行為是一種個人的抗議控訴——對我們的領導能力的一種批判。如果我們是固定型心態的領導者，我們不會設法去了解教師們的憂慮，因為，老實說，我們根本就不想聽。

反|思|評|估

> 　　想想你自己處理抗拒的方法，以及你的心態如何影響你的方法。你發現自己通常是遠離還是走近抗拒？你對於抗拒的反應，是否有一種快速、可預期的模式？

　　如果我們是以固定型心態來領導差異化教學方案，會有一個真實的危險：差異化教學的目的是強加在教師身上的，而不是從教師們的合作學習和問題解決過程中逐漸湧現的。強加的目的會招致教師膚淺的思考和膚淺的反應，使得教師們必定要回應外在的目的而非內在的目的，破壞了

教師的自主性，並且降低對這項工作的長期投入度（Pink, 2009）。諷刺的是，強迫教師堅持把重點放在強加的目的上，實際上會讓抗拒**持續存在**。正如同 Kerry Patterson 和其他共同作者在《關鍵績效責任》一書中所說的：「粗暴的權力，痛苦的施加在人們身上時，也許能驅動身體，甚至會讓人們用新方式來行動，但是它很少能夠驅動、改變心靈與思想。」（Patterson et al., 2013, p. 110）在比較好的情境條件下，隨著教師們對差異化教學的理解加深，並且有機會看到差異化教學對學生造成正向影響時，他們的心靈與思想會受到感動而產生改變。領導者想利用他（她）的地位權力來強迫教師們開始運用差異化教學的直覺反應，幾乎都會帶來負面的結果。「每一次我們決定要利用我們的權力來影響他人，特別是當我們興奮又心急時，我們就破壞了關係。」（Patterson et al., 2013, p. 114）雖然對我們來說，試圖強制要求他人執行變革方案，可能是老習慣（而且也覺得這是最有效率的），但強制會危及同事之間的融洽關係，實際上也可能會加強抗拒力量，它所帶來的任何成功最多只會是短暫的。請見圖7.1，概要呈現領導者可能在無意中強化抗拒力量的幾種方式。

圖 7.1 ▪ 領導者可能潛在強化抗拒問題的方式

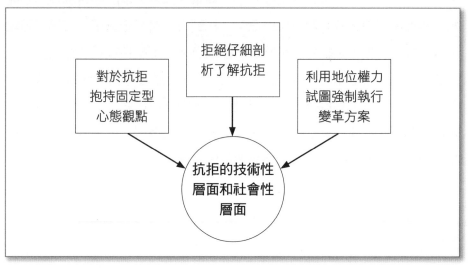

▌欠缺耐心和追求快速會暗中破壞工作嗎？

　　除了人類傾向於避免不愉快場面以及固定型心態傾向之外，還有另外一個可能是領導者造成抗拒的因素：領導者所做的實施計畫可能沒有考量到教師們各自不同的學習步調。

　　第四章提供了一個漸進釋放責任模式（Pearson & Gallagher, 1983），它同時適用於成人和小孩。在這個模式裡，學習者從受到最高程度的支持協助（「讓我來告訴你並且秀給你看它是什麼」），轉變到共同嘗試和互動對話（「這段時間我們一起來做吧」），再到引導式協助（「現在，不必我給予太多協助，由你來試試看」），最終能夠獨立實作並擁有專精知能（「你自己做，並且繼續做下去」）。因為教師們學習差異化教學的歷程會走過這些階段，而且每個人的步調速度都不一樣，所以當我們對某些教師的漸進釋放責任不夠漸進時，對差異化教學的抗拒就有可能出現。很多時候，抗拒突然出現的時機是教師們覺得他們太快被要求要走到獨立實作階段，卻沒有在「我們做」和「你試試」的階段受到適當的支持協助（Murphy, 2014）。簡單來說，像差異化教學變革方案這種大型的改變，在第一階段（「讓我秀給你看」）通常會以一大堆的研習訓練作為開始，然後我們期望教師們會自己探索、找到方法路徑走過第二和第三階段（「一起做」和「試試看」策略），卻沒有多少策略性或系統性的支持或協助。實質上，在許多失敗的差異化教學方案裡面，我們從第一階段的「讓我秀給你看」直接跳到第四階段的「現在你自己做」。我們未能了解和運用類似漸進釋放責任的模式來規劃教師專業發展，會導致教師的抗拒和這個方案計畫的提早夭折。請想想這個案例。

華萊士郡立學校的完美計畫

華萊士郡學區（Wallace County School District）投注經費在差異化教學，希望能顯著改變小學教師的閱讀教學方式，進而對學生的閱讀熟練度產生正向的影響。這個學區有部分的工作是發展出一套中央版本的差異化閱讀教學，在全學區差異化教學方案第一年的前幾個月裡，華萊士郡立學校群已經產出一份有力的學區願景聲明。

在早春時期，教師們和校長們都沉浸在高度組織的差異化教學及其關鍵要素的相關研習訓練當中，一直延續到後面整個學年。那年夏季，校長們和他們的領導團隊跟外部顧問團召開規劃會議，討論在方案第二年要如何在學校裡支持協助教師們實施差異化教學。

這些外部顧問團開始跟每個學校領導團隊合作，告訴他們計畫裡需要納入哪些成分元素、為什麼制訂一個策略性計畫是非常關鍵重要的，以及領導團隊可以如何管理這個計畫。然後，顧問團指定一項「家庭作業」，每個領導團隊必須替他們學校擬訂一個計畫，在下一輪安排在 10 月的研習訓練時，提出來接受檢視。實際上，每個領導團隊有大約三個月的時間來設計他們的計畫草案。但是，讓外部顧問團驚愕失望的是，10 月研習訓練開始時，11 所小學中只有 3 所學校提出一點點的計畫來分享。

在華萊士郡，可能有好幾個促成因素，導致最後無法產出具體明確的計畫。學區領導階層可能帶給校長們過多的工作負荷，而破壞了方案的努力作為；或者，學校校長可能優先處理其他更重要的工作，不顧這個計畫的設計。但是，若從漸進釋放責任的觀點來看這個案例，夏季時外部顧問團在「秀」給學校團隊看如何設計與規劃上，似乎做了挺好的工作，可是在學校團隊擬訂計畫初期或一起做出模擬計畫上，卻完全沒有提供協助。

儘管是出於善意，但這項工作的設計卻導致學校團隊在 10 月份展現出抗拒。沒有提出任何計畫的 8 所學校並非故意反抗，事實上，他們之所以沒提出計畫，是因為他們沒有足夠的信心來進行設計，他們一下子從「讓我秀給你看」被推到「現在你自己做」，實在太快了。而很可能，同樣這些領導者也會複製這個錯誤，在對待他們學校的教師時，只提供初期「讓我們秀給你們看」的教師專業發展，然後幾乎立刻就進展到「現在你們自己做」的階段。

▌如何處理對差異化教學的抗拒？

現在，問題從「關於抗拒這個議題，領導者需要了解什麼？」轉變成「領導者要做些什麼？」在許多學校裡，抗拒明顯可見，而且因為變革過程的技術性或社會性層面——比如領導者本身對變革的固定型心態反應，或是變革方案的設計讓教師們太快從「研習訓練」跳到完全期待他們獨立表現——可能造成抗拒變得更加強烈。不管原因是什麼，有些教師可能變成一直陷在表現不佳的狀況，並且對改變產生了自然免疫力（Kegan & Lahey, 2009）。透過預測抗拒而後處理抗拒，領導者就是在構思設計一些方法來改變停滯不動的慣性狀態——精心的栽培教師，給予他們有效的支持，讓他們能邁開大步朝向差異化教學前進，最終能達成教師自主維持課堂教學做法的結果（Tschannen-Moran, 2004）。

以下提出的想法並不是抗拒的**解決之道**，而是有用的指導原則，領導者可以用來反思自己可以如何運用關係深厚、聚焦結果的方式來了解和處理抗拒。

指導原則 1：改變你對抗拒的思考方式

請理解，改變並不容易。當身為學校領導者的你，要求教師們劇烈快

速的改變他們的教學做法時，請永遠記得，你是要求他們在一大堆小孩圍著他們、需要他們持續不斷專注照顧的環境下，做出巨大的教學改變。而且教師們也有學校外的生活，需要也值得他們花費注意力和精力去處理（Evans, 2001）。在意義重大且長期持續的變革方案中，情勢有時候可能會變得很緊繃，接受它、視它為一個機會，從這個緊張情勢中覺察和學習，才能提供更好的領導能力和支持教師們產出更好的結果。走近並了解抗拒，不要刻意迴避遠離。尊重被你要求進行改變工作的人的情感反應，將抗拒視為一個幫助你消除障礙、讓變革之路變得平順的媒介工具，而不是對你的領導能力的一種威脅。

指導原則 2：問問人們遭遇到什麼問題

從變革過程的一開始，切記一定要詢問人們對這些改變有什麼感覺。運用單腳站立訪談法作為工具，開啟跟人們的對話，了解他們的觀點。當你問道：「差異化教學在你的教室進行得怎麼樣？」或「你在擔心什麼？」實際上，你是在發掘路上的障礙和問題，除非你可以好好處理，不然它們會讓人們卻步不前。主動詢問人們的觀點，當他們願意分享時表達正向、感激的回應，然後好好處理他們的擔心憂慮，這樣你就能建立起信任和良好深厚的同事關係。你變成改變過程中的夥伴，而不是發號施令者。當你深入抗拒之中，而非迴避遠離，你親自示範了冒險犯難；而且更重要的，也示範了你信任你試圖領導的人們的智慧。你為教師們示範了成長型心態，這是你希望教師們在教室裡同樣也要傳達給學生的訊息：「這件事當然很困難，但我們能夠做到困難的事。我們會一起找出方法完成它，而且我們會因此有所成長。」

指導原則 3：別強制他人執行

如果你發現自己不斷的發號施令，或感覺好像你正在強制同事執行你

的想法，這是一個好時機，停下來、反省思考，找到另一種變通方式。抗拒，是抗拒者心裡有種不安全感或不確定感的典型徵兆，相對於當著抗拒者的面進行爭辯或發號施令，請記得，領導者的工作是建立起教師們的能力和自信，讓他們在從事教學工作時，擁有更大的專業自主性和個人成就滿足感。如果一位教師從領導者身上感受到的（也許是正確的感受）是負面或甚至是疏離的情感反應，那麼想要這位教師產生正向的行為，根本不可能。與其這樣，請問問你自己：「我可以採取什麼行動──並引導其他人也採取行動──能將這位教師不願意合作的抗拒，替換成意義重大的目的和可能做到的想像？」請參見表 7.1 簡要整理的幾種變通策略，讓你不必用威權強制的方式，就能創造出想要的改變（Patterson et al., 2013）。

表 7.1 ▪ 不使用強制方式改變抗拒的變通策略

變通策略	具體的行動	聽起來像這樣
將短期效益跟長期痛苦連結起來	告知這位教師，他目前表現的短期行為實際上會如何連結到長期的問題或結果。	「我看得出來，你認為差異化教學的改變需要耗費很多額外計畫的時間精力。不過，我很擔心，如果你不開始把差異化教學融入你的教學計畫中，你會被其他團隊夥伴孤立，而且對團隊計畫也會沒有什麼貢獻。」
引介隱藏的受害者	描述一項行為會對其他人產生預期之外和無法看見的影響。	「我們需要談談你不願意應用差異化教學的行為，會如何影響到你的團隊成員及你所服務的家長和學生。」
舉起鏡子	說明這位教師的行為在其他人的眼中看起來是什麼樣子。	「這是我觀察到的，看起來，你好像開始不在乎自己是不是這個團隊的一員或這個工作的一部分。」
連結到現有的獎勵制度	描述差異化教學的工作對他們有何好處。	「就我看來，你是一個團隊領導者，是擁有許多能力可以貢獻、促使學校成功的人，如果你能成為差異化教學的領導者，而不是它的敵人，你將會從中獲益良多。」

▌其他還有哪些處理抗拒的策略？

前一節提到的處理抗拒指導原則，邀請學校領導者先想想、判斷自己對於抗拒的心態和反應是否至少可能是造成抗拒的原因。接下來的是**處理抗拒的策略**，這些策略必須深植在差異化教學方案整個實施歷程的日常計畫和管理當中。

策略 1：運用改變公式

我們建議你運用以下這個「改變公式」來處理抗拒：

$$D \times V \times F > R$$

Dick Beckhard 和 Reuben Harris（1987）提出這個簡單但有效的處理公式，在遭遇抗拒的領導者之間大為流行。配合本書談的這個議題，我們稍微調整了一下每個代號的意思：

D＝教師們對現狀感到不滿意（dissatisfaction）的總量。

V＝差異化教學的願景（vision），以及它會如何影響教師和學生。

F＝開始朝這個願景前進的第一步（first steps）。

R＝教師們表達出來的抗拒（resistance）總量。

在 Beckhard 和 Harris 的模式裡，D、V 和 F 的產出物，必須大於抗拒的總量，抗拒的總量就是在整個變革方案的啟動、實施和制度化階段，人們自然而然會感受到的、要讓改變發生所須投入的勞動工作總量。

當你在思考你跟個別教師或整體教職員對話討論的時候，你可以運用這個公式來思考如何將抗拒發生的可能性最小化。舉例來說，在變革方案早期的啟動階段，領導者必須：(1) 藉由釐清目前教室教學現況問題，來創造出一種改變的急迫感；(2) 確保所有的教職員都了解他們試圖完成的

是什麼（願景）；(3) 跟教職員協同合作發展出短期的步驟來開始執行方案（Murphy, 2014）。

想一想以下這位校長的案例研究，他為學校的數學教學安排組織了特定的改變方案（Murphy, 2014），雖然它只聚焦在差異化教學的一個面向，但卻是個絕佳的例子，用來說明 Beckhard 和 Harris 的改變公式可以如何幫助一位領導者處理抗拒。

實際運作的 $D \times V \times F > R$

比爾·雷諾斯在一所郊區的 K-5（學前至五年級）學校擔任校長第三年了，他很驕傲自己很了解他的教職員，也知道數學教學的品質必須快速提升才行。經過無數次到教室探訪並跟教師們討論之後，雷諾斯校長開始體認到，評估並依據學生的需求，將學生分成更小的教學小組，或許能夠導致更精確、即時、更能掌握重點的數學教學。不過，他也體認到，許多教師都喜歡他們目前全班上課的數學教學形式，也認為這是他們「教完教科書內容進度」最好、最有效的方式。

雷諾斯校長運用 $D \times V \times F > R$ 公式來規劃跟教職員的對話，以加速改變，同時也降低教師們對於教學改變可能產生的抗拒。以下是他為了處理教師們可能對這種數學教學方式產生的抗拒，所做的私人計畫筆記：

D = 需要提高教師們對於目前全班式數學教學方式的**不滿意程度**。**行動計畫**：開始在比較小的學年團隊分享資料，分享有關差異化教學最好、最實際可行的研究，以及差異化教學的方法可以怎麼樣幫助教師把小組教學跟鎖定重要目標、依學生需求量身定製的教學統整結合起來。

V = 需要澄清**願景**，讓大家清楚了解我們試圖創造的是什麼。**行**

動計畫：確定我可以清楚的描述我們希望在教室裡看到什麼樣的教學風景，而且，每一次我跟各個團隊討論數學教學時，都要運用這樣的語言。

　　F ＝ 需要朝向改變跨出**第一步**。**行動計畫**：描述說明我的要求，並且把願景細分成幾個較易處理的第一步——個人化、依照每個人的適應舒適程度來設計的第一步。在小型會議中，詢問：「你們的第一步是什麼？」然後在每位教師回應以後，進一步追問、了解他（她）的想法。

策略 2：運用影響全面實施的因素

　　Fullan（2007）提出四個因素，會影響「教師（和學生）朝某個追求的變革方向，改變教學做法、信念、新素材運用以及相對應學習結果的程度」（p. 86）。回想一下，抗拒通常出現在變革方案的實施階段，而不是啟動階段。雖然我們已經在第二章和圖 2.3 探討過這四個影響實施階段的因素，但這裡討論抗拒時，它們值得我們再次回顧檢視。當你在管理實施階段的時候，持續不斷的記得和運用這四個因素是聰明睿智的，有效的做到這件事，可以降低抗拒。

　　需求：差異化教學必須持續被教師們視為在學校裡要最優先處理的需求。通常，教師們會認為差異化教學是回答他們的教學和學習問題的一個**合理的**答案，但是在教學實務中要如何具體實踐卻未必全然清晰，可能要一直等到好好進入實施階段才會清楚。教師們的認知必須一直認為差異化教學是在針對和滿足學生真實的學習需求，而且教師們持續不斷在進步、在實現這樣的教育理想（Fullan, 2007）。

　　清晰度：要對抗抗拒的問題，基本上，實施差異化教學的教師必須清

楚了解他們應該以不同的方式做哪些事情。差異化教學值得這一切的辛苦努力，但就像最重大的變革案例，它並不是一個快速簡單的解決方法。許多參與大規模方案的教師無法描述他們正在使用的創新教學的基本特徵，而且，改革的複雜度越高，它的清晰度就越有可能成為問題（Fullan, 2007）。因為這樣，領導者必須經常不斷的注意清晰度的問題，並且努力去了解教師們的認知：他們認為差異化教學是什麼，以及他們被要求要做到什麼，具體的以他們在教室裡的操作性教學改變來說明。

　　複雜度：與清晰度的因素有關，複雜度指的是「這項變革需要負責實施的人做出改變的難度和幅度」（Fullan, 2007, p. 90）。可能帶來全面性、更多正向結果的變革方案，基本上都是複雜的，所以，雖然複雜度為實施階段造成挑戰，但它也應該帶來更大的好處。領導者必須很警覺的體認到實施差異化教學的複雜度，並且將它細分成可以相互搭建、逐漸累積的組成部分，讓教師們可以隨之越來越專精他們實施差異化教學的知識、理解和技能。

　　品質和實用性：差異化教學的改革計畫以及有關這個計畫的溝通，必須植基於這些想法的品質和實施的品質。也就是說，教師們必須充分理解這項改革對他們以及他們的學生來說，有真正實實在在的效益和用處。一開始，他們可能把差異化教學視為「額外多出來的東西」，證明他們並不認為它是一個可以實際解決他們教與學兩難困境的方法。因此，領導者的第一優先要務，就是必須幫助教師看到他們實際現場教學的問題，以及要求他們所做差異化教學改革之間的連結性。

策略 3：運用差距對話

　　Patterson 和他的共同作者群將**差距**（gap）描述為介於期望達到的表現和實際觀察到的表現之間的空間——「嚴重、造成不良後果又複雜的偏離，討論這個可能很艱難或甚至有風險」（Patterson et al., 2013, p. 77）。

在第五章，我們說明了一些對話的架構，可以讓教師參與投入合作型的對話，談談有關差異化教學以及他們教室裡正在進行的事情（參見第 126 至 129 頁和圖 5.1）。這些對話架構很有用，能夠創造出深厚的關係，並且讓對話更聚焦在差異化教學工作上。雖然我們認為，所有跟教師之間的對話，普遍都應該著重這兩個目標，但我們也認為，面對抗拒的教師，當所有其他手段都失敗時，我們可能必須進行這種很艱難、令人不快、具有高度挑戰性的**差距對話**（gap conversation）（Patterson et al., 2013）。以下的架構是修改自 Patterson 及其共同作者群的著作，具體呈現如何進行這種對話的步驟，並提供領導者重要的指引，當你發現自己必須跟抗拒者進行某種績效責任式的談話時可以運用。

如何進行「差距對話」來降低抗拒

- 盡可能創造最好的情境脈絡，讓人感覺安全、可以談論這個話題。
- 說明這次對話和它的目的。
- 說明存在於期望的教學做法和實際的教學做法之間的差距。
- 分享這個差距對學生、學校裡的教師和整體組織的影響。
- 懷抱真正的好奇心來探討這個差距，並避免下判斷。
- 針對這個差距發展出幾個新版的教學做法，並比較這些版本的優缺點。
- 就消弭差距的計畫取得共識，同意並承諾會付諸行動。

在運用這個架構的時候，你要帶著相互尊重和彼此享有共同目的的想法來開始這個對話。當對話展開，你要開始說明一個人被期望做到的事情和這個人看起來實際正在做的事情之間的差距或落差時，最好就是直接說出來。「別玩花樣；只要說明這個差距。清楚又簡單的說出期望的是什麼，以及相對的，觀察到的又是什麼，這樣可以幫助你跨出正確的腳

步。」（Patterson et al., 2013, p. 81）如此一來，焦點要持續鎖定存在於差異化教學的操作型願景、年度目標和這位教師目前的行為之間的差距。誠懇邀請這位抗拒的老師跟你一起來探討這個差距，並坦白直言他（她）在教學實施上的種種問題。我們很多人會認為這麼做等於是在邀請教師說出一堆藉口，但事實上，這個架構也考慮到這樣的狀況。我們真正在做的是，容許這位教師**解釋**，並且邀請他（她）一起參與真誠的探索對話。

在這個循序漸進的架構中，下一步是請這位教師試著建構一個改變後的行為版本，可以用來縮減差距。在這個時間點，差異化教學的責任歸屬就是最重要、最核心的議題。這位教師現在是在受到尊重的情況下，被要求談一談在實施差異化教學上，他（她）可以怎麼樣減少差距並且有顯著的進步。在這個重要關頭，你要發揮最好的回應式聆聽技巧，並且探究追問，盡你所能的去了解這位教師的種種想法。

在你聽完並且了解這位教師的計畫以後，是時候輪到你來建構你自己有效處理這個差距的計畫版本了。在差距對話中，這個建構的部分是很有力量的，因為它讓雙方都基本創造出各自的版本，描繪出差異化教學開始在這位教師的教室裡可能形成的樣子，比較彼此的想法並且對於下一步的做法達成協議。

如果你謹慎留意的執行這個差距對話，你真的可以透過讓這位抗拒的教師自己負責規劃邁向差異化教學的做法，跟他（她）建立起良好的關係。如果在這個對話過程中可以維持相互尊重和共同目的，很可能你們兩個離開對話場合時，會真實的感受到彼此之間產生了更多的連結，也更清楚後續將會發生的事情與行動。

◀◀◀◀◀◀

雖然，這一章特別把焦點放在抗拒上，但實際上，第二章到第六章也跟減少抗拒有關。如果領導者能夠跟教師們協同合作發展出差異化教學的

願景；設計年度改變計畫，把整個方案的工作細分成定義清晰的區塊；設計教師專業發展機制，讓教師們有充足的動力能夠持續不斷發展差異化教學的知識、理解和技能；邀請教師投入參與有關差異化教學的深入對話；建構出有效激勵教師動機的評估測量進展與慶賀獎勵進步的方式，那麼，他們就已經是在運用各種良方，盡可能降低教師對這項工作的不願意配合或反對抗拒。儘管如此，在某些時刻還是會出現某種程度的抗拒，而且大家可能會感受到這是對差異化教學後續實施造成危險的威脅。

　　我們認為抗拒之發生，通常都會有個原因。有時候是領導者的心態造成了抗拒，或是領導者對抗拒的回應方式讓抗拒變得更加嚴重；有時候，不願意實施差異化教學的教師之所以會有負面的反應，是因為沒有足夠的支持來協助他們做出改變。換言之，引發抗拒的主要因素未必是差異化教學本身，而是**如何導入、實施全校性差異化教學計畫的方式**。

　　因此，我們再次強調，抗拒是領導者可以處理的事情——可以預測也可以管理的。如同 Lawrence（1969）所說：「當抗拒真的出現時，它不應該被視為必須戰勝打倒的東西，相反的，它應該被視為一面很有用的紅色旗幟——有事情出錯了的一種訊號。用粗略的類比來說，抗拒的訊號徵兆對一個社會組織是有用的，正如痛苦的訊號徵兆對身體是有用的，表示某些身體功能正逐漸失調。」（p. 8）下頁的檢核表列出了一些支持協助領導者預測和管理對改變的抗拒的重要工具、概念和行動，請運用它們來反思你目前的狀態是如何。

培養領導能力

請想一想下列這些處理教師抗拒差異化教學的關鍵能力，哪些是你需要學習更多或發展的能力？你還可以採取哪些其他的步驟方法，更有效的預測和管理學校裡的抗拒？

☐ 我能夠發現、找出學校裡的抗拒訊號或徵兆。

☐ 我了解也能分析抗拒的技術性層面和社會性層面。

☐ 我運用漸進釋放責任模式來引導教師專業發展計畫，關注教師們的潛在需求，並且避免、預防抗拒的發生。

☐ 我運用彈性或成長型心態來面對差異化教學。

☐ 我運用 Beckhard 和 Harris 的改變公式來規劃差異化教學的實施。

☐ 我能夠讓一位極度抗拒的教師跟我一起進行很有效的差距對話。

領導的召喚：
為持久的成長而領導吧！

在美國這個建立在宣稱人生而平等的基礎之上的國家，學校領導者和教師經常受困於如何處理每天走進教室的學生那麼明顯的多元差異。看起來，最適當的教育目標是不管學生在階級、種族、文化、經驗、家庭支持，以及其他各種形容詞上的差異，都要確保學生擁有管道和機會可以接受學校所能提供最豐富、最吸引人的學習經驗。而後，我們似乎應該要建立起必須的鷹架，來支持各種類型的學生擁有成功的學習機會。

實際上，依據學生的差異，我們有三種方式可以將學生分組進行教學，而我們選擇的選項會產生極大的影響。第一種，我們可以把所有種類的學生都放在同一個教室裡，把他們視為都是同樣的人來教學，雖然我們經常這麼做，但大部分的人都很敏銳的覺察到，這種方式會讓許多學生長久處於沮喪失望，並且讓其他學生總是陷在無聊無趣的狀態。在這兩種極端的例子裡，應該因學習而湧現的成就滿足感遭到壓抑破壞，願意認真努力學習的意願逐漸降低，直到完全消失不見。

第二種，我們可以設法弄清楚（但我們做得很差）誰是聰明的、誰是普通的、誰是不聰明的，然後根據我們對他們學習能力的認定將他們分類分班。這種方法在多數學校都明顯可見，它在不同的層級都變成自我應驗的預言，不只是我們標示為「不足或待加強」或「普通」的學生覺得這些標籤就是他們個人存在的核心，而且這種感受還會受到強化，因為他們的

班級通常都是由比較沒經驗或比較沒有熱忱的老師來教，而這些老師所教的課程是平板無味、無啟發性，基本上都是在做重複練習，他們的學生也很少受到激勵去提升對話的層次。而我們標示為「聰明」的學生，對於跟他們成長背景不同的人，太常形成狹隘偏限的了解和欣賞角度；他們學會了學習是為了獎勵，而不是為了理解周遭世界而產生的內在樂趣；養成一種優越特權感，並且活在一種「要領先、當最好」的競爭壓力底下，糟蹋了體驗青春的機會。

　　第三種是我們比較不常嘗試的選擇。我們可以創造多元異質的教室，關注學生各種不同的學習需求，在豐富、嚴謹、為了讓各種光譜的學生投入學習而設計的課程情境下，提供到位的鷹架支持協助學生持續穩定的朝向共同的目標來前進——甚至超越這些目標。這第三種選擇——在混合各種準備度的教室裡實施差異化教學——是我們在這本書裡所提倡的選擇。雖然相較於另外兩種選擇，它比較不常被嘗試運用，但是當它實施得很好的時候，結果一直是相當正向、良好的（如參見 Burris & Garrity, 2008; Tomlinson et al., 2008）。朝有效的差異化教學前進、改變，很有挑戰性（就如同所有的改變一樣），也是做得到的，以下就是一個例子。

　　就在我們快要完成這本書的初稿時，《教育週刊》（*Education Week*, 2015）公布了年度「值得學習的領導者」名單，這些聚光燈底下的領導者，每一位都讓人印象深刻，因為他們對於某個願景的堅持，以及能夠讓其他人投注、奉獻精力來幫忙實現那個願景的能力。其中有一個獲獎人特別讓我們驚豔，除了因為他追求的願景跟我們推薦的差異化教學願景是如此相符，還因為隨獎項而呈現的簡要個人檔案報導（Ujifusa, 2015），正好反映出我們兩人所相信並且已經在這本書裡分享的領導變革的原則。

　　威廉・強森（William H. Johnson）是紐約州洛克維爾中心聯合自由學區（Rockville Centre Union Free School District）的督學（superintendent），他在職的二十九年中，始終信奉著一個核心願景，這個願景推動他所有的

工作。《教育週刊》的報導引用他的話：他相信他的工作絕對不是發現一個孩子的限制，而是給予孩子各種方法來突破這些限制。強森的弟弟天生是嚴重的身體障礙者，而且這個殘疾伴隨著他到學校，讓他飽受痛苦掙扎。在見證了他弟弟克服這種障礙，擁有一個成功的職業生涯，成為被社會接納的成員之後，強森立下了一個目標：要給予每個孩子機會成為很棒的人，因為他相信，每個孩子都擁有潛能。

強森在 1995 年開始了一項取消能力分軌制的成功方案，要求所有八年級學生都要上代數第一級課程。他的目的是要提供嚴謹的學業課程給所有的學生。透過仔細研究學區內特殊學生的檔案資料，他能夠找到一些課程選修的模式，這些模式替某些學生打開學術機會的大門，但卻也關閉了其他學生的學術之門。他向教職員和家長說明他的想法，同時也發現兩邊陣營都出現預料中的抗拒。數學老師本身是反對最激烈的人，《教育週刊》引述其中一位教師的說法：回想當時，她跟數學科的同事教師們認為這項改變會很困難，而且也不喜歡往後不會再有完全由高階數學能力的學生組成的班級；而這些學生的家長同樣抗議他們的孩子往後沒有機會與同等學力的學生一起學習，而且他們的學業成就也會因此而變壞變糟。面對家長，強森清楚、堅持、很有耐心的持續說明他的想法。對於抗拒改變的教師，他仔細聆聽、了解他們的擔憂，並且提供他們所需要的任何支持與協助，好讓他們成功的扮演他們的新角色。

有一位早期反對、現在卻擁護取消分軌制做法的教師，在《教育週刊》上解釋道：強森是一個總是支持教師、設法滿足教師需要的領導者，總是一直在尋求他們的看法和意見。另一位教師提到：強森努力去認識每一位教師個人，了解他們多元不同的長處，並且善用這些獨一無二的長處，好讓每一位教師在教室裡發揮他們最大的能力。「他不會擋住去路，他知道如何取得教師的天賦才能，他知道如何支持天賦才能。」（Ujifusa, 2015, para. 23）另一位同事回想：強森總是有很清楚和仔細的

計畫，描繪出如何達成目標的地圖。「他從來不會對我們說：『咱們就做這個試試看會走到哪裡。』為了讓這個計畫非常成功，所有的支持協助早就布置到位了。」（Ujifusa, 2015, para. 8）

《教育週刊》的報導繼續描述了強森是如何仔細的評鑑變革的結果，以確保其成效是正向的。以所有八年級學生都上代數第一級課程的改變來說，他的資料很具有說服力，2014 年，學校系統在州立測驗上達成了 97% 的通過率。當強森發現他要求別人採取的方向出現失誤時，他並不害怕承認自己的錯誤：「你必須有辦法說出：『我犯了一個錯誤。』然後回頭重新學習你過去在某段時間以為自己懂得很多的東西。」（Ujifusa, 2015, para. 28）

從強森取消洛克維爾中心曾經存在的五軌系統，跟教師們一起努力合作以確保學生能夠在更嚴謹的班級得到學習成功的必要支持，至今已經好多年了。「一旦你把學生分級，並且把他們放在不同的地方，」他在《教育週刊》的報導文章裡這樣說，「他們就會開始認為自己是不一樣的。」（Ujifusa, 2015, para. 27）從 2011 年起，學區內所有的中學生都選修了國際文憑（IB）課程。

看起來強森這位領導者，是從一個願景來開展所有的工作，超過二十五年的歲月，這個願景一直推動著他的思考和決定。他很穩定的面對困難，而且歷經多年依然屹立不搖。他始終如一的關注教師的反應，因為他們的所作所為是能夠將這個願景化為實際的關鍵基礎；他開誠布公的傾聽他們的憂慮，並且運用各式各樣的機制來處理這些憂慮，好讓他確保教師們能成功。他是仔細謹慎的計畫者，不會留什麼空間給機會運氣或憑空想像，一再跟同事們保證前方一定會有一條路。他經常、規律性的進行評量，以了解各種努力的結果，並且為他下一步的領導指引方向；他虛懷若谷，從不害怕承認犯錯，並且從錯誤中學習。很清楚的，他對教師和學生持有一種成長型的工作心態——深信所有人身上都存有偉大的種子，而學

校的工作就是要仔細培育、發展這些偉大的種子，包括在學校裡工作的教師以及來學校上學的學生。我們希望你會看到這些都是我們在這本書裡所推薦和描述的特質。

挖｜掘｜深｜思

> 　　在威廉・強森的領導能力當中，有哪些方面可以表現出本書裡提到的關鍵原則和做法？看看自己，你在哪些方面能夠始終如一的表現和執行這些有效變革領導的原則和做法？在強森所作所為的簡要描述裡，有哪些建議你需要持續成長和發展的領導力面向？

▌回顧與前瞻

　　我們已經嘗試跟你分享我們所擁有的最佳知識——以及其他專家的最佳知識——關於在學校裡創造重要且正向的變革的歷程，好讓年幼的學生和大人同樣受惠。變革並沒有單一的食譜或配方，但卻有已經過試驗、證明有效的指導原則。我們也無法保證你能輕易成功，有價值的事物很少是輕易的。下一頁的圖檢視的是成功實施全校性差異化教學的領導者所運用的關鍵要素，我們把這本書的大部分篇幅都花在發展闡述每一個關鍵要素上，雖然它們並非總是遵循一種完全「照步驟來」的順序，但是它們總是一直存在著、一直交互作用著，而且一直需要領導者關注留意。當你在領導差異化教學方案走向制度化或永久化的過程中，我們也鼓勵你探索和運用每一個關鍵要素。我們相信，對你來說，這些原則會變得越來越清楚，也越來越熟悉，我們也希望，在你為了學校裡的所有孩子而投注心力做出重要又持久的改變時，你會發現這些原則非常有價值。

領導差異化教學

評估學校邁向
差異化教學願景
的成長情形

進行豐富的對話，
以持續聚焦和維持
差異化教學的前進
動力

預測和處理對
變革的抗拒

運用協同合作、
融入工作中的專業
成長機制，幫助教師
理解差異化教學

在整個變革生命
期程當中，了解
和支持成人的
學習與發展

創造一個差異化教學
的操作型願景和年度
改變計畫，好讓差異化
教學成真

承諾全力投入
差異化教學的
改變

我們還有另一個希望。在最近的一個全國公共廣播電台（National Public Radio）節目裡，一位來賓解釋了劇作家經常用來吸引觀眾的一個特殊技巧，透過「打破一種例行儀式」或習慣，製造出衝突，讓人物在衝突情境中掙扎奮鬥，他們會利用這個技巧來把觀眾帶入他們的戲劇裡。在劇場世界裡，以我們**不習慣**看見的方式看到這些人物或事件，會創造出一種讓觀眾形成記憶的優勢。因此，在劇場裡，打破儀式是一件好事，因為它以這些方式喚醒了我們，製造出預定想要得到的效果——戲劇和記憶。

我們想要翻轉這個比喻，藉此來表達我們的希望：希望我們所有人、所有身為學校領導者的人，能夠更經常的打破例行儀式，來降低我們的教師和其他同事太常感受到的戲劇效果。

學校變革改進的例行儀式，通常都涉及幾個可預期而且最終會導致失敗的步驟。在美國和其他國家，當全新的創新教育方式被引進時，我們會：(1) 花很多錢在最初的研習訓練上，並且創造出許多有關這項變革的前進動力和對話討論；(2) 在有充足的時間醞釀、創造出能夠接納這項變革的文化以前，就啟動變革方案；(3) 期望實務工作者非常迅速而且深度全面的實施這項變革；(4) 在變革過程中，太早評量學生的表現，而且也沒有先檢視成人的改變；以及 (5) 當變革的進展變得困難重重、人們開始難以管理變革的麻煩與問題時，就放棄整個變革方案。

這就是我們不斷、不斷重複看到的「例行儀式」，在大大小小的學校情境裡上演，而且它為教師、領導者、家長，以及最終端的學生，創造出我們不想要的也不健康的戲劇效果。它同時也創造了貧乏不良的土地，只能長出少少的果實，讓所有看到它的人越來越沒有信心。本來是想吸引人們投入重要的工作，現在卻讓人們疏離變革方案，製造出信心的危機，讓人們感染了無望的感覺，因為這種例行儀式是如此的可以預期，*所有的變革努力最終只會換來幾近毫無所獲的結果*。

儘管我們親身體驗過一些學校放棄變革努力之後留下的空殼，但我們

依然保持樂觀，因為我們也見證過那些關注關係和結果的領導者所領導和管理的學校的種種正向改變。他們抱持很單純的想法在工作：要把人們從變革的技術性層面排除是不可能的。他們從一個有意義的願景出發，學習運用吸引、說服人的方式來溝通這個願景；創造思考團隊和計畫團隊來跟他們一起工作；了解變革是困難的，而且特別留意緊張焦慮，知道如何用具建設性的方式來處理這些緊張焦慮；支持他們要求同事們做的努力作為，好讓同事們因為這些努力而變得更加成功；監控進展——並且**堅持到底**。就是這種睿智又有根有據的堅持，才能帶領大家走到永久性的改變。可惜，很矛盾的是，永久性的改變，在今日的教育變革領域，卻只擁有短暫即逝的位置。

最近的一篇研究論文（Dack, van Hover, & Hicks, 2015）提供了另一個論證，支持有根有據、聚焦重點、堅持到底的領導能力在學校變革裡的重要性。這篇論文報導的是一項研究，檢視三到十二年級的社會科教師在教室裡運用「體驗式教學策略」的方式，這類型的策略包含諸如模擬、實作表演和角色扮演等等的方法，改變學生以往主要是吸收消化內容資訊的學習方式，轉變為更深入的探討事件和想法，以幫助他們從所學到的知識建構出意義。體驗式教學策略積極的想讓學生投入、變成歷史的一部分，而比起傳統以教師和事實知識為主的學習方式，它應該會產生更積極主動的學習、更多的意義建構以及更深入的思考。

在這項研究中，研究者檢視了來自 16 個學區、42 位社會科教師的438 節課堂教學錄影，拍攝時間長達四年。這 42 位教師是**自願參與**，讓研究人員進入他們的課堂進行錄影，代表他們對自己的教學方法至少感覺有點自信。研究者針對每一節課觀看四次，並根據社會科教學相關文獻的歸納判準來進行課堂教學編碼記錄。到最後，438 節課當中，只有 14 節課運用了體驗式教學策略；而這 14 節課裡，有 12 節缺乏明確的教學目標，或者在方法運用上沒有彈性，導致學生的想法受到限縮，或者教學結

果明顯誤解了學習內容。沒有顯現這些問題的那兩節課，一節課運用的體驗式教學策略，只為了「回憶事實」這個目標而做。換言之，在這個頗大型的抽樣研究裡，這麼多教師覺得他們的教學已經足夠有效成功，可以讓研究者觀察、錄影和分析，結果卻是幾乎完全失敗，未能運用這些教學策略來教社會科，無法讓學生產生更投入的學習、更深刻的理解。

這篇論文之所以值得重視，不只是因為它的研究發現很不尋常，更是因為它是如此的代表了整個教育界。我們並不缺乏真正可能提升學生學習投入、理解和成就的教與學的各種方法，而且，一直都有某些老師受到啟發、願意嘗試把這些教學方法放入教導學生的工作當中。然而，在缺乏持久且睿智的領導下，即使是擁有成長意志力和堅定意圖的教師，在面對課堂及學生的複雜度和多重的教學壓力之下，通常也會中途夭折。

我們相信，如果沒有深刻理解、充分重視和決心養成真正領導教學改變能力的領導者，學校裡絕對不會發生影響重大又長久持續的改變。本書有很多部分都是在談「如何」領導差異化教學，我們的盼望是，你不只是會運用這本書裡的這些架構、工具和概念，而且更能夠創造出屬於你自己領導差異化教學的方法和機制。想要將差異化教學融入每天的有效教學實務當中，需要毅力、願景以及奉獻投入這趟旅程的決心。我們的學生必須仰賴我們持續不斷的展現這些重要的人格特質，讓他們可以學會他們所需要的能力，以領導**我們**邁向未來。我們希望作為讀者的你，能夠從書中獲得學校領導的啟發和理解，能夠領導學校為所有年輕學生開啟邁向公平正義、卓越成功的機會與道路，因為，我們的決定以及我們如何為這些決定注入活力的方式，或多或少、或好或壞，都會影響和塑造這些學生的生命。最後，我們滿懷希望，我們所做的努力，必然會正面影響學校領導者的養成，能夠培育出更多願意付出心力去培育教師的領導者，而這些被培育出來的教師就會擁有更多能力和自信，進而去培育他們所教導的每一位學生。

Beckhard, R., & Harris, R. (1987). *Organizational transitions: Managing complex change* (2nd ed.). Upper Saddle River, NJ: Pearson.

Berger, W. (2014). *A more beautiful question*. New York: Bloomsbury, USA.

Bui, S., Craig, S., & Imberman, S. (2012). Poor results for high achievers. *Education Next, 12*(1). Retrieved from http://educationnext.org/poor-results-for-high-achievers/

Burris, C., & Garrity, D. (2008). *Detracking for excellence and equity*. Alexandria, VA: ASCD.

Centers for Disease Control and Prevention. (2013). *Children's mental health—New report*. Retrieved from http://www.cdc.gov/features/childrensmentalhealth/

Cheliotes, L., & Reilly, M. (2010). *Coaching conversations: Transforming your school one conversation at a time*. Thousand Oaks, CA: Corwin.

Dack, H., van Hover, S., & Hicks, D. (2015). "Try not to giggle if you can help it": The implementation of experiential instructional techniques in social studies classrooms. *Journal of Social Studies Research, 39*(3). Available: http://www.sciencedirect.com/science/article/pii/S0885985X15000078

Danielson, C. (2009). *Talk about teaching*. Thousand Oaks, CA: Corwin Press.

Danielson, C. (2013). *Framework for Teaching Evaluation Instrument*. Retrieved from https://danielsongroup.org/framework/

Deal, T., & Peterson, K. (2000). *The leadership paradox: Balancing logic and artistry in schools*. San Francisco: Jossey-Bass.

Deci, E., & Flaste, R. (1996). *Why we do what we do: Understanding self-motivation*. New York: Penguin Books.

DuFour, R., DuFour, R., & Eaker, R. (2008). *Revisiting professional learning communities at work: New insights for improving schools*. Bloomington, IN: Solution Tree.

Dweck, C. (2006). *Mindset: The new psychology of success*. New York: Ballantine Books.

Earl, L. (2003). *Assessment as learning: Using classroom assessment to maximize student learning*. Thousand Oaks, CA: Corwin.

Education Week. (2015, February 24). *Leaders of 2015. Education Week's Leaders to Learn From*. Retrieved from http://leaders.edweek.org/leaders/2015/

Ellis, D. (2009). *How to hug a porcupine*. New York: Hatherleigh Press.

Evans, R. (2001). *The human side of school change: Reform, resistance, and the real-life problems of innovation*. San Francisco: Jossey-Bass.

Fullan, M. (2001a). *Leading in a culture of change*. San Francisco: Jossey-Bass.

Fullan, M. (2001b). *The new meaning of educational change* (3rd ed.). New York: Teachers College Press.

Fullan, M. (2007). *The new meaning of educational change* (4th ed.). New York: Teachers College Press.

Gallaher, R. (2005). The Change Formula. *Congregational Development*. Retrieved from http://www.congregationaldevelopment.com/storage/Change%20formula.pdf

Gamoran, A. (1992, October). Synthesis of research: Is ability grouping equitable? *Educational Leadership, 50*(2), 11–17.

Gamoran, A., Nystrand, M., Berends, M., & LePore, P. (1995). An organizational analysis of the effects of ability grouping. *American Educational Research Journal, 32*(4), 687–715.

Guskey, T. (2000). *Evaluating professional development*. Thousand Oaks, CA: Corwin.

Haberman, M. (1991). The pedagogy of poverty vs. good teaching. *Phi Delta Kappan, 73*(4), 290–294.

Hall, G. (1999). Using constructs and techniques from research to facilitate and assess implementation of an innovative mathematics program. *Journal of Classroom Interaction, 34*(1), 1–8.

Hall, G., & Hord, S. (2001). *Implementing change: Patterns, principles, and potholes*. Boston: Allyn and Bacon.

Hargreaves, A., & Fullan, M. (2012). *Professional capital: Transforming teaching in every school*. New York: Teachers College Press.

Hattie, J. (2009). *Visible learning: A synthesis of over 800 meta-analyses relating to achievement*. New York: Routledge.

Hattie, J. (2012). *Visible learning for teachers: Maximizing impact on learning*. New York: Routledge.

Hirsh, S., & Killion, J. (2007). *The learning educator: A new era for professional learning*. Oxford, OH: Learning Forward.

Hodges, H. (2001). Overcoming a pedagogy of poverty. In R. Cole (Ed.), *More strategies for educating everybody's children* (pp. 1–9). Alexandria, VA: ASCD.

Hord, S., & Roussin, J. (2013). *Implementing change through learning: Concerns-based concepts, tools, and strategies for guiding change*. Thousand Oaks, CA: Corwin.

Huberman, A., & Miles, M. (1984). *Innovation up close: How school improvement works*. New York: Plenum Press.

Joyce, B., & Calhoun, E. (2010). *Models of professional development: A celebration of educators*. Thousand Oaks, CA: Corwin.

Kegan, R., & Lahey, L. (2009). *Immunity to change: How to overcome it and unlock the potential in yourself and your organization*. Boston: Harvard Business School Press.

Kirkpatrick, D. (1959). Techniques for evaluating training programs. *Training and Development Journal, 13*(11).

Knight, J. (2011). *Unmistakable impact: A partnership approach for dramatically improving instruction*. Thousand Oaks, CA: Corwin.

Kohlberg, L. (1981). *The philosophy of moral development: Moral stages and the ideas of justice*. New York: Harper & Row.

Krogstad, J. M., & Fry, R. (2014, August 18). Dept. of Ed.'s projects public schools will be "majority-minority" this fall. *Fact-Tank: News in the Numbers*. Retrieved from http://www.pewresearch.org/fact-tank/2014/08/18/u-s-public-schools-expected-to-be-majority-minority-starting-this-fall/

Lawrence, P. (1969, January). How to deal with resistance to change. *Harvard Business Review*. Retrieved from https://hbr.org/1969/01/how-to-deal-with-resistance-to-change

Learning Forward. (2011). *Standards for professional learning*. Oxford, OH: Learning Forward.

Lewin, R., & Regine, B. (1999). *The soul at work: Unleashing the power of complexity science for business success.* London: Orion Business.

Little, J. (2008). Declaration of interdependence. *Journal of Staff Development, 29*(3), 53–56.

Marsh, H., Tautwein, U., Ludtke, O., Baumert, J., & Koller, O. (2007). The big-fish-little-pond effect: Persistent negative effects of selective high schools on self-concept after graduation. *American Educational Research Journal, 44*(3), 631–669.

Marzano, R., Waters, J., & McNulty, B. (2005). *School leadership that works: From research to results.* Alexandria, VA: ASCD.

Murphy, D. (2010). *You can't just say it louder: Differentiated strategies for comprehending nonfiction.* Huntington Beach, CA: Shell Education.

Murphy, M. (2014). *Orchestrating school change: Transforming your leadership.* Huntington Beach, CA: Shell Education.

National Center for Children in Poverty. (2014). *Child poverty.* Retrieved from http://www.nccp.org/topics/childpoverty.html

National Center for Education Statistics. (2013). *Characteristics of public and private elementary and secondary schools in the United States.* Washington, DC: U.S. Department of Education. Retrieved from http://nces.ed.gov/pubs2013/2013312.pdf

National Center for Education Statistics. (2014). *The condition of schools: English language learners.* Washington, DC: U.S. Department of Education. Retrieved from http://nces.ed.gov/programs/coe/indicator_cgf.asp

National Center for Learning Disabilities. (2014). *The state of learning disabilities* (3rd ed.). New York: Author.

National Research Council. (2000). *How people learn: Brain, mind, experience, and school.* Washington, DC: National Academy Press.

Oakes, J. (1985). *Keeping track: How schools structure inequality.* New Haven, CT: Yale University Press.

Patterson, K., Grenny, J., Maxfield, D., McMillan, R., & Switzler, A. (2013). *Crucial accountability: Tools for resolving violated expectations, broken commitments, and bad behavior* (2nd ed.). New York: McGraw-Hill.

Pearson, D., & Gallagher, M. (1983). The gradual release of responsibility model of instruction. *Contemporary Educational Psychology, 8,* 112–113.

Piaget, J. (1997). *The moral development of the child.* New York: Simon & Schuster.

Pink, D. (2009). *Drive: The surprising truth about what motivates us.* New York: Riverhead Books.

Powell, W., & Kusuma-Powell, O. (2015, May). Overcoming resistance to new ideas. *Phi Delta Kappan, 96*(8), 66–69.

Preckel, F., Gotz, T., & Frenzel, A. (2010). Ability grouping of gifted students: Effects on academic self-concept and boredom. *British Journal of Educational Psychology, 80*(3), 451–472.

Seaton, M., Marsh, H., & Craven, R. (2009). Big-fish-little-pond effect: Generalizability and moderation—Two sides of the same coin. *American Education Research Journal, 47*(2), 390–433.

Senge, P. (1999). *The dance of change: The challenges of sustaining momentum in learning organizations.* New York: Doubleday.

Sergiovanni, T. (1992). *Moral leadership: Getting to the heart of school improvement.* San Francisco: Jossey-Bass.

Shapiro, A. (2011, August 10). Learning with our friends: The zone of proximal development [blog post]. *Psychology Today.* Retrieved from https://www.psychologytoday.com/

blog/healing-possibility/201108/learning-our-friends-the-zone-proximal-development

Sharratt, L., & Fullan, M. (2012). *Putting faces on the data*. Thousand Oaks, CA: Corwin.

Slavin, R. (1987). Ability grouping and achievement in the elementary school: A best evidence synthesis. *Review of Educational Research, 57*, 293–336.

Slavin, R. (1993). Ability grouping in the middle grades: Achievement effects and alternatives. *Elementary School Journal, 93*, 535–552.

Steenhuysen, J. (2013, March 20). U.S. autism estimates climb to 1 in 50 school-age children. *Reuters*. Retrieved from http://www.reuters.com/article/2013/03/21/us-usa-autism-idUSBRE92K00C20130321

Stone, D., Deci, E., & Ryan, R. (2009). Beyond talk: Creating autonomous motivation through self-determination theory. Retrieved from http://www.selfdetermination theory.org/SDT/documents/2009_StoneDeciRyan_JGM.pdf

Subban, P. (2006). Differentiated instruction: A research basis. *International Education Journal, 7*(7), 935–947.

Tennessee Department of Education. (2013). TEAM update, March 5, 2013. Retrieved from http://team-tn.org

Texas Leadership Center. (2014, June 23–24). Learning Forward Texas Leadership Development Process Training. Grapevine, Texas.

Tomlinson, C., Brighton, C., Hertberg, H., Callahan, C., Moon, T., Brimijoin, K., Conover, L. A., & Reynolds, T. (2003). Differentiating instruction in response to student readiness, interest, and learning profile in academically diverse classrooms: A review of literature. *Journal for the Education of the Gifted, 27*(2–3), 119–145.

Tomlinson, C., Brimijoin, K., & Narvaez, L. (2008). *The differentiated school: Making revolutionary changes in teaching and learning*. Alexandria, VA: ASCD.

Tomlinson, C., & Imbeau, M. (2013). Differentiated instruction: An integration of theory and practice. In B. Irby, G. Brown, R. Lara-Alecio, & S. Jackson (Eds.), *The handbook of educational theories for theoretical frameworks* (pp. 1097–1117). Charlotte, NC: Information Age.

Tomlinson, C., & McTighe, J. (2006). *Integrating differentiated instruction and Understanding by Design: Connecting content and kids*. Alexandria, VA: ASCD.

Tschannen-Moran, M. (2004). *Trust matters: Leadership for successful schools*. San Francisco: Jossey-Bass.

Tschannen-Moran, M., & Tschannen-Moran, B. (2010). *Evocative coaching: Transforming schools one conversation at a time*. San Francisco: Jossey-Bass.

Ujifusa, A. (2015, February 24). William H. Johnson: High expectations and access to rigor define a N.Y. educator's career. *Education Week Leaders to Learn From*. Retrieved from http://leaders.edweek.org/profile/william-h-johnson-superintendent-academic-detracking/

Uro, G., & Barrio, A. (2013). *English language learners in America's Great City Schools: Demographics, achievement, and staffing*. Washington, DC: Council of the Great City Schools. Retrieved from http://files.eric.ed.gov/fulltext/ED543305.pdf

Van Manen, M. (1986). *The tact of teaching*. New York: Scholastic.

Vygotsky, L. (1980). *Mind in society: The development of higher psychological processes*. Boston: Harvard University Press.

Vygotsky, L. (1986). *Thought and language* (2nd ed.). Boston: The MIT Press.

Walsh, J., & Sattes, B. (2010). *Leading through quality questioning: Creating capacity, commitment, and community*. Thousand Oaks, CA: Corwin.

Watanabe, M. (2008). Tracking in the era of high-stakes state accountability reform: Case studies of classroom instruction in North Carolina. *Teachers College Record, 110*(3), 489–534.

Waters, J., Marzano, R., & McNulty, B. (2003). *Balanced leadership: What 30 years of research tells us about the effect of leadership on student achievement.* Aurora, CO: Mid-continent Research for Education and Learning.

Wiggins, G., & McTighe, J. (2005). *Understanding by Design* (2nd ed.). Alexandria, VA: ASCD.

Wilhelm, J. (2001). *Improving comprehension with think-aloud strategies: Modeling what good readers do.* New York: Scholastic.

國家圖書館出版品預行編目（CIP）資料

領導差異化教學：培育教師，以培育學生／Carol Ann
　Tomlinson, Michael Murphy 著；侯秋玲譯．
　-- 初版. -- 新北市：心理，2020.03
　　面；　公分. --（課程教學系列；41335）
　　譯自：Leading for differentiation: growing teachers who
grow kids
　　ISBN 978-986-191-900-3（平裝）

　1. 教學法　2. 個別化教學

521.4　　　　　　　　　　　　　　　　　　109000933

課程教學系列 41335

領導差異化教學：培育教師，以培育學生

作　　者：Carol Ann Tomlinson、Michael Murphy

譯　　者：侯秋玲

執行編輯：林汝穎

總 編 輯：林敬堯

發 行 人：洪有義

出 版 者：心理出版社股份有限公司

地　　址：231 新北市新店區光明街 288 號 7 樓

電　　話：(02) 29150566

傳　　真：(02) 29152928

郵撥帳號：19293172 心理出版社股份有限公司

網　　址：http://www.psy.com.tw

電子信箱：psychoco@ms15.hinet.net

駐美代表：Lisa Wu（lisawu99@optonline.net）

排 版 者：龍虎電腦排版股份有限公司

印 刷 者：龍虎電腦排版股份有限公司

初版一刷：2020 年 3 月

I S B N：978-986-191-900-3

定　　價：新台幣 250 元